Pléiade de lieux

Académie québécoise
de 'Pataphysique

Publié en 2017 par
Potential Architecture Books
T2 - 511 Place d'Armes
Montréal (Québec), Canada
H2Y 2W7
www.potentialarchitecturebooks.com

Dépôt légal — Bibliothèque et Archives nationales du Québec, 3e trimestre 2017.
Dépôt légal — Bibliothèque et Archives Canada, 3e trimestre 2017.

Pléiade de lieux, Académie québécois de 'Pataphysique
Édité par Céline B. La Terreur, Michel de Sévigné, Line Mc Murray, Gleason Théberge

Comprend du texte en anglais.
ISBN 978-0992-1317-3-9 (couverture souple)

1. Québec (Province)--Anthologies. 2. Littérature québécoise--21e siècle.
I. Mc Murray, Line, directeur de publication II. Académie québécoise de 'Pataphysique, auteur

PS8255.Q8P54 2017 C840.8'032714 C2017-904998-4

Mots-clés : 'Pataphysique, Architecture

Direction créative et design : Catherine Bisaillon
Typographie FF Din

Pléiade de lieux

Académie québécoise de 'Pataphysique

Édition présentée par
Sa Luminescence Line Mc Murray

Grâce aux soins des éditeurs
Céline B. La Terreur, Michel de Sévigné, Gleason Théberge

0,025 millénaire de solutions imaginaires

POTENTIAL
ARCHITECTURE
BOOKS

À Son Éminence Jacques Ferron, dont l'œuvre
en polyfacture spiralera sans cesse autour du pays
où cet ouvrage s'enroule

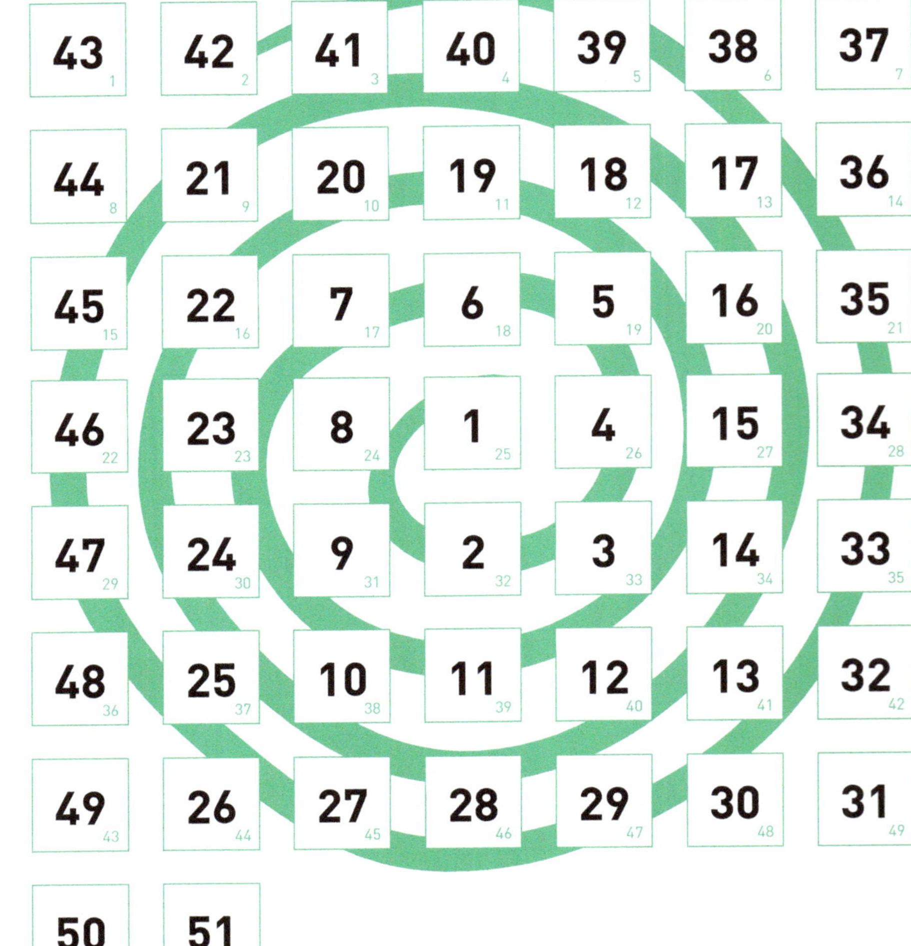

43 1
42 2
41 3
40 4
39 5
38 6
37 7
44 8
21 9
20 10
19 11
18 12
17 13
36 14
45 15
22 16
7 17
6 18
5 19
16 20
35 21
46 22
23 23
8 24
1 25
4 26
15 27
34 28
47 29
24 30
9 31
2 32
3 33
14 34
33 35
48 36
25 37
10 38
11 39
12 40
13 41
32 42
49 43
26 44
27 45
28 46
29 47
30 48
31 49
50 50
51 51

Table des matières

Line Mc Murray

25 ans à chercher L'histoire de l'Académie québécoise de 'Pataphysique

Avant-propos[1]

Avouons-le d'emblée : la 'Pataphysique tient lieu d'histoire. La 'Pataphysique est avant tout un «mot» à valeur historique, probablement le dernier auquel se fier. Popularisé vers la fin du dix-neuvième siècle dans le vent de la phénoménologie, ce mot-mystère sur lequel accoter tous les «mystères» est un mot qui dit tout et ne dit rien, rien d'autre que de chercher encore et encore dans le tout un petit rien qui fait la différence dans nos perceptions des phénomènes. Ce mot qui résume le monde (physique + métaphysique + pata, signifiant étymologiquement, «au-delà») mise paradoxalement sur ses épines (problèmes imaginaires, contraintes, obstacles, etc.) et sur les épis (solutions imaginaires) d'une conscience représentée par l'apostrophe qui le devance.

La 'Pataphysique n'a pas d'histoire. Comment le pourrait-elle ? Elle est «l'histoire», la vraie, la grande, l'histoire de la vie en tant que «science des solutions imaginaires», science de «l'épiphénomène» tel que vue clairement et pratiquée sciemment par l'écrivain français Alfred Jarry (1873-1907), le propagateur du «mot». La 'Pataphysique a une multiplicité d'histoires selon le terreau où l'animal humain la pratique consciemment. Parce qu'en regard des solutions imaginaires empruntées par la vie, tous les animaux humains font partie intégrante des écosystèmes pataphysiques. Et les autres ne sont pas en reste.

Les créateurs et créatrices se reconnaissant de la 'Pataphysique sont des «scientifiques» spécialisés dans les solutions imaginaires. Mais ils et elles peuvent se contenter de faire surabonder la 'Pataphysique en vivant tout simplement et consciemment parmi les solutions imaginaires de la vie. Comme Alice au pays des merveilles. D'où la qualité première d'un pataphysicien-d'une pataphysicienne : savoir s'étonner jusqu'à «l'exception de soi» tel que l'a enseigné Jarry. Épique l'entreprise ? Du moins constamment ponctuée de points d'exclamation et de points d'interrogation. Chercher, chercher, chercher..., voilà la synthèse testamentaire d'Alfred Jarry pour les générations futures, livrée sur son lit de mort et dans un souffle dernier, héritage symbolique bien reçu et concrétisé dans les travaux pataphysiques. Donc chercher l'épi dans chaque phénomène, tous ses sens pataphysiques en alerte. Chercher quoi ? L'exception, le singulier, le fil qui dépasse dans toute généralité. Tirer sur ce fil, grimper le long de ce fil, tricoter ce fil, y attacher d'autres fils, le laisser pendu qu'importe, le projet est d'aller voir, de chercher dans l'ouverture. Le pataphysicien-la pataphysicienne fait de ses occupations voire de sa vie une «œuvre ouverte» pour emprunter à Umberto Éco, pataphysicien de renom. Il et elle font «rhizomes» pour emprunter au Gilles Deleuze affirmant qu'Alfred Jarry est à la source de la phénoménologie (et par déduction, de l'anti-psychanalyse et de la schizo-analyse). Il et elle sont et font «rhizomorhododendrons» pour cette fois citer le Jarry

1. An english translation of the Avant-propos is available — see page VII

des *Jours et des Nuits*, anticipant et complétant Deleuze avec cet autre mot sorti tout droit d'un exercice de remue-méninges mené par le jeune Alfred et ses amis et relaté dans le chapitre «Les propos des assassins» (les assassins de la «raison» universelle). Ce qui signifie que pratiquer une 'Pataphysique consciente, c'est exercer son flair dans tous les sens comme le suggère l'image végétale du «rhizomorhododendron», image modélisant le processus créateur, modèle faisant d'un «épi» un phénomène à «épiner» ou «épiphénoméner». Affaire de sens, nécessairement carrefours de sens. Directions et sensations. Processus au-delà de l'individu, trouvant dans le collectif matière à expression de la diversité et de l'enchevêtrement rhizomorhododendronesque des points de vue. C'est pourquoi la 'Pataphysique a toujours fait groupe, collège, ouvroir, académie, etc, en-deça, voire au-delà des institutions dogmatiques.

Venons-en à l'Académie québécoise de 'Pataphysique. L'histoire de l'AQ'P (son acronyme) est une «annilhistoire» dans la mesure où elle s'annihile elle-même dans le fondu des solutions imaginaires à travers le temps et l'espace des univers pataphysiques connus et méconnus. D'où, une seconde qualité du pataphysicien-de la pataphysicienne: l'imperturbabilité à toute idéologie, l'impossibilité même du moindre conflit, l'ego «décervelé» en étant garant, fuyant toute «ubuesquerie». Seul le flair pataphysique demeure, sur des pistes s'élance-t-il en risquant sa tête au profit de l'imaginaire, puis de l'idée devenant solution donc projet.

Certes, notre académie a, a eu et aura de bons moments, des moments savoureux, des moments plus creux, des moments tristes, des moments gais, des moments privés et des moments publics, des moments historiques qui ne feront pas partie des livres d'histoire. Comme dans toute instance pataphysique, l'important est d'apprendre les uns des autres. C'est notamment pourquoi l'AQ'P entretient un membership transdisciplinaire, transgénérationnel et transplanétaire. Jeunes de corps et jeunes de cœur échangent leurs préoccupations pataphysiques dans une ambiance de confiance et d'amitié, assez proche du zen confie Ionesco; ils repartent avec plein d'idées en tête, du moins alimentent leurs pulsions créatrices. Les pataphysicien-nes sont très «physiques», très «métaphysiques» et l'addition de ces deux traits leur assure des percées dans le monde de l'«au-delà» pataphysique composé de niveaux de réalité multiples et parallèles.

Les moments privés de l'AQ'P sont plus importants en nombre que les moments publics. Ses convents mensuels (parfois le mois a plus de trente jours) adoptent diverses formules: atelier de création, conférence savante, présentation de projets, remue-méninges, sortie de groupe, salon littéraire, vernissage d'œuvres d'art, échanges libres autour d'une table bien garnie, banquet annuel, visite des membres correspondants (France, Angleterre, Colombie, États-Unis, etc.). Il n'est pas nécessaire d'être un spécialiste de Jarry pour être membre de l'AQ'P (ni même d'habiter au Québec). Ceci dit, il faut avoir fait ses preuves ou être prêt à le faire. C'est-à-dire faire la démonstration de son instinct pataphysique qui consiste en une habileté faustrolienne non pas à critiquer et remettre en question, non, il s'agit tout simplement de (se) questionner, de mettre en plusieurs questions, d'ouvrir sur ses potentialités toute proposition, les points de vue changeant en fonction de la variété des disciplines interpellées, chacune enrichissant les autres. Tous les convents de l'AQ'P font pragmatiquement et localement réseau, résonance, écho. Toute intervention, proposition, idée lancée par un membre lors des convents peut compter sur les répliques des autres, répliques foisonnant spontanément et venant offrir des possibles à la chose. D'où la troisième qualité du pataphysicien et de la pataphysicienne : le non-jugement de valeur en regard des sujets d'études — l'analyse du contenu d'un réfrigérateur ou d'un sac de patates comme réalisées dans cet ouvrage valent autant que toutes les analyses intellectuelles existantes et non existantes sur des sujets prétendus «sérieux». Bref, aucun sujet n'est tabou pour l'aq'piste.

Voilà pour l'ambiance qui règne dans les moments privés, aboutissant à du sérieux parce qu'aucun membre ne se prend au sérieux, cherchant toujours à aller plus loin dans la perception des choses de ce monde et jouissant de l'altérité proposée par les convents. Si l'AQ'P se manifeste moins publiquement, c'est que les convents suffisent bien souvent à la tâche. Les mouvements de groupe tels que les ont connus les années 1920 (le Surréalisme, par exemple) se sont vus remplacés dans la deuxième moitié du vingtième siècle, par des groupes de créateurs plus démocratiques, moins idéologiques, voire a-politiques, se concentrant avant tout sur les processus même de la créativité. Le Collège de 'Pataphysique français et les OuXpos baignaient dans ce climat lorsqu'ils sont nés. Et il en est toujours ainsi. Mieux même, car depuis les instances pataphysiques et ouxpiennes se sont multipliées dessinant une toile qui permet aux membres de communiquer amicalement les uns avec les autres comme si le simple fait d'œuvrer avec son instinct pataphysique ouvrait les frontières géographiques. Réelles ces instances permettent des rencontres avec de grands artistes, de grands écrivains et des en-herbe qui trouvent dans ce réseau d'intérêt ce qu'ils cherchaient. Le goût de la recherche. Chercheurs indépendants que les membres de ces instances, parfois universitaires, parfois non mais toujours intéressés par la 'Pataphysique et ses références acolytes.

La «Science des solutions imaginaires» a créé une famille universelle enrichie par des pratiques originales. Car c'est ce que veut tout pataphysicien, toute pataphysicienne, conformément aux devoirs auxquels s'est consacré Boris Vian, soit : penser à ce à quoi les autres ne penseront pas. Parmi les membres de ces sociétés savantes, qu'on me permette de saluer ici Arrabal, Thieri Foulc et Paul Gayot du Collège de 'Pataphysique pour leur accueil et bien d'autres raisons trop longues à énumérer ; Tania Sofia Lorandi du Collage de 'Pataphysique italien pour son enthousiasme à cultiver les amitiés internationales ; les membres de l'Oulipo évidemment avec qui l'AQ'P est toujours restée en communication et qu'elle a invités à l'occasion : Paul Fournel, le directeur, Marcel Bénabou, le secrétaire perpétuellement provisoire, Jacques Jouet notamment qui a collaboré à une participation de l'AQ'P à la revue *Les Écrits* (saluons en passant Pierre Ouellet) et pour continuer sans finir, Julien Schuh de la Société des Amis d'Alfred Jarry. Saluons les membres montés au ciel avec qui l'AQ'P s'est liée : André Blavier l'inimitable animateur de la revue *Temps mêlés — documents Queneau*, Jacques Carelman ami très cher, celui des *Objets introuvables*, Noël Arnaud (il a fait de tout et beaucoup pour Vian et Jarry), Aline Gagnaire (oupeinpienne ayant œuvré dans le monde surréaliste), François Le Lionnais, ami de Marcel Duchamp, qui a eu l'idée des OuXpos (idée qui mène aujourd'hui les contraintes oulipiennes chez Larousse) ; Brunella Éruli et Enrico Baj de l'Institutum Pataphysicum Mediolanense, Eugène Ionesco qui a eu l'amabilité de m'accorder une entrevue[2], Paul Zumthor, membre de l'Oulipo

2. Mc Murray, Line. *Quatre leçons et deux devoirs de 'Pataphysique : Créativité et culture de la paix*, Éditions Liber, 2001

et de l'AQ'P, Jeanne Demers, membre de l'AQ'P, qui m'a toujours soutenue généreusement. Toutes ces personnes avec lesquelles l'AQ'P est et a été en communication à des moments divers et qui continuent (même les feus) à inspirer ses membres, constituent les petits noyaux de son histoire.

On aurait tort de croire que les pataphysiciens-pataphysiciennes sont des «farceurs» comme plusieurs détracteurs calomnient sans savoir de quoi ils parlent. Nous reconnaissons que l'humour a toujours trouvé sa place dans les instances pataphysiques, un humour de qualité exploitant toutes ses dérives et laissant une zone grande ouverte aux jeux : jeux de mots et jeux d'images. Le jeu appelant nécessairement l'enfant en soi assure une levée d'étonnements garants de l'instinct pataphysique apte à créer des jeux de jeux. Jamais l'AQ'P n'a cédé à la vulgarité d'un *ego*, d'une idée, d'un projet se contentant de lui-même.

Et tant qu'à faire de «l'annilhistoire», racontons la première fois que la 'Pataphysique est venue à ma rencontre. J'avais dix-sept ans. J'entrais dans le bureau de mon professeur de littérature, Adrien Gruslin (que je salue), et j'ai vu sur une tablette le petit livre de Ruy Launoir intitulé *Clés pour la 'Pataphysique* (dans la belle collection Clés de Seghers). L'orgueil de ma jeunesse m'empêcha alors de poser LA question «Qu'est-ce que la 'Pataphysique ?» équivalente au «Qu'est-ce que c'est que ça ?» kantien et la question par excellence pour demeurer dans un état d'étonnement. Je me promis un jour d'y répondre par moi-même. Depuis j'ai compris que la 'Pataphysique est un mot qui touche aux dits mystères de la créativité. Aux processus créateurs. Processus qu'Alfred Jarry a illustré notamment dans son roman *Gestes et Opinions du docteur Faustroll, pataphysicien*. Enfants libres de l'AQ'P y reconnaissent le génie d'avoir montré aux siècles futurs les voies à suivre : l'épi du phénomène, la potentialisation dans l'actualisation pour emprunter à Stéphane Lupasco, la connectivité nouvelle dans la complexité pour faire plus moderne.

L'AQ'P ne fait pas carrière. Elle ne s'oblige à aucune représentation publique pour maintenir son image et son budget, histoire de conserver une compétence distinctive dans un marché des biens culturels. L'AQ'P fait ce qu'elle veut. Libre des contraintes de l'industrie culturelle, elle pourrait se satisfaire de ses convents, la crédibilité créatrice de ses membres lui suffit. Car c'est de «l'extra» que l'AQ'P se nourrit et qu'elle offre, annihilant sa propre histoire au sens public du terme. L'AQ'P peut être comparée à un centre culturel pour membres seulement qui se nourrissent et s'offrent comme «extra» : l'étonnement pur, la stimulation, les encouragements à poursuivre une idée comme un malade de singularités, l'aq'piste se considérant en éternelle formation, œuvrant en ouvrant et suivant des voies comme on emprunte un sentier dans une forêt inconnue sans que l'on sache où il mène. Venir à un convent, c'est arriver nu, cru et toujours prêt à exercer son propre imaginaire et à le partager, les convents étant en eux-mêmes des sorties et des aventures dans un imaginaire collectif.

L'AQ'P ne fait pas carrière. Ceci dit, elle accepte les invitations. Elle a présenté les travaux de ses membres lors de salons du Livre, à la Librairie Gallimard, à Radio-Canada, etc. Et tout dernièrement, elle a été invitée à participer à un événement international d'envergure relatif aux nouvelles technologies qu'Alfred Jarry aura par ailleurs anticipées avec ses œuvres construites en réseaux et que Raymond Queneau, feu membre éminent du Collège de 'Pataphysique et co-fondateur des OuXpos, aura également stimulées avec ses procédés style *Un Conte à votre façon* et *Cent mille milliards de poèmes*. L'AQ'P participes à la World Wide Web Conférence de 2016, à Montréal.

Parmi les manifestations publiques, relatons celle de la création de l'AQ'P en mai 1989 à la clôture de l'événement *La 'Pataphysique, d'Alfred Jarry au Collège de 'Pataphysique — exposition, cinéma, théâtre, colloque*[3], clôture tenue à la Galerie de l'Université du Québec à Montréal et à laquelle participaient des membres éminents du Collège de 'Pataphysique, de l'Oulipo (Ouvroir de littérature potentielle) et de l'Oupeinpo (Ouvroir de peinture potentielle): Noël Arnaud, Jacques Carelman, Thieri Foulc, Aline Gagnaire, Brunella Éruli, Marcel Bénabou, Linda Stillman (spécialiste de Jarry à Washington) ainsi que des québécois, dont Jean-François Chassay (spécialiste de Pérec à l'UQAM), ces deux derniers étant actuellement membres de l'AQ'P. Lors de la clôture, Jacques Carelman a remis à Line Mc Murray les «clés» en forme de brosse à dents d'une AQ'P à créer et à animer.

Signalons que c'est la deuxième fois que le groupe édite un ouvrage collectif[4]. Le premier date de 1996 et a comme prétexte Paul Zumthor. Un membre éminent de l'AQ'P monté alors au ciel. Un membre très actif et dont la présence et l'esprit ont toujours fait le bonheur des autres membres. L'ouvrage comprend des œuvres d'art originales et des textes inédits relatant la vie de l'AQ'P et l'esprit de Paul. Les auteur-es sont les membres de l'époque: Yvon Cozic, Michel Saint-Germain, Manon Pelletier, Fabien Bélanger, Étienne Tiffou, Astrid Lagounaris, Jeanne Demers, Josée Lambert, Gaston Sanchez et moi-même. Avec le présent ouvrage, l'AQ'P souligne ses 25 ans. Enfin, les 25 ans de sa constitution depuis la proclamation de Jacques Carelman en mai 1989. Vingt cinq ans de convents hors du commun et dont nous n'allons pas ici détailler la teneur en solutions imaginaires. Mais 25 ans, cela se fête du moins cela se «prétexte». Adopté unanimement, le thème de l'ouvrage a été proposé par Gleason Théberge, qui en présente à ma suite le contenu.

Ce thème, le Lieu, ne pouvait plus ressembler aux convents de l'AQ'P qui sont avant tout des lieux d'émergence de solutions imaginaires. Le deuxième ouvrage de l'AQ'P incarne l'esprit pataphysique régnant aux convents tout en faisant réseau pour ne pas dire «rhizomorhododendron» avec les lieux choisis par chacun des membres, des lieux interpellant leur imaginaire pataphysique. Pléiade de LIEUX donc que cet ouvrage collectif telles les dépendances pataphysiques d'un Québec revu et revisité par LA science.

Pour filer la métaphore, l'in-dépendance est un mot qui résonne fort au cœur de l'AQ'P tel un regroupement d'esprits libres, de professionnels de l'image et du texte faisant carrière chacun et chacune de leur côté mais trouvant à l'AQ'P, ressourcement, entraide, collaboration, partenariat, apprentissage continuel et sur invitation, sorties et défis publics. Sorte de médiatrice culturelle, l'AQ'P entretient une ambiance libératrice des idées les plus folles qui ont des chances d'être réalisées grâce à l'intimité pataphysique de leur partage.

Line Mc Murray, Sa Luminescence
Automne 2014
www.linemcmurray.com

3. Événement tenu par le Sacra (dir. L. Mc M., organisme à but non lucratif sur lequel s'adosse l'AQ'P), en partenariat avec la Galerie de l'Université du Québec à Montréal, la Cinémathèque québécoise, le Théâtre Ubu, la Chapelle historique du Bon-Pasteur. Le catalogue de l'événement multidisciplinaire (épuisé) a gagné le premier prix du Design graphique de Montréal en 1989. L'exposition à la Galerie de l'UQAM a accueilli plus de trois mille visiteurs.
4. Le livre d'Art sur Paul Zumthor est disponible auprès de l'AQ'P (pataquebec.org). Il ne reste que très peu d'exemplaires numérotés.

25 Years of Searching
The History of Quebec's Académie de 'Pataphysique

Line Mc Murray

Foreword

Let's readily admit: 'Pataphysics stands in lieu of history. 'Pataphysics is primarily a "word" of historical value, probably the last word on which we can rely. Popularized during the late nineteenth century on the wind of phenomenology, this mystery word which supports all mysteries, is a word that says all and nothing — nothing else than seeking again and again, in everything, a little thing that makes a difference in our perceptions of phenomena. This word that sums up the world (physics + metaphysics + pata, etymologically meaning "beyond") paradoxically relies on its thorns (imaginary problems, constraints, obstacles, etc.) and on the flowers (imaginary solutions) of a consciousness represented by an apostrophe.

'Pataphysics has no history. How could it have any? It is "history", the true, the great life story as a "science of imaginary solutions", a science of the "epiphenomena" as clearly seen and consciously practiced by the French writer Alfred Jarry (1873-1907), the propagator of the "word". 'Pataphysics has a multiplicity of stories by virtue of the soil where the human animal consciously practices it. Because in light of the imaginary solutions borrowed by life, all human animals are an integral part of the pataphysical ecosystems. And no other creature is to be outdone.

Creators who acknowledge 'Pataphysics are scientists specialized in imaginary solutions. But they can be content with making 'Pataphysics superabundant by living simply and consciously among those imaginary solutions of life. Like Alice in Wonderland. Hence the first quality of a pataphysician: the ability to be surprised even to the point of "self-exception" as taught by Jarry. An epic undertaking? At least one constantly punctuated by exclamation marks and question marks. Search, search, search... that is Alfred Jarry's legacy to future generations, delivered on his deathbed in his last breath, a well-received symbolic heritage embodied in pataphysical work. So look for the "epi" in each phenomenon, all pataphysical senses on the alert. Search for what? The exception, the singular, the extra thread dangling from any generality. Pull this thread, climb up this thread, knit this thread, attach other threads to it, let it hang, who cares, the project is to seek, to look within the opening. The pataphysician makes his occupation, even his life, an "open work", to borrow from Umberto Eco, a renowned pataphysician. The seeker is a "rhizome": Gilles Deleuze affirms that Alfred Jarry is at the source of phenomenology (and by inference, of anti-psychoanalysis and schizo-analysis). He is and makes a "rhizomorhododendron", a word by which Jarry, in *Days and Nights*, anticipates and complements Deleuze — by means of a brainstorming exercise led by the young Alfred and his friends. In other words, practicing conscious 'Pataphysics is exercising our flair in every direction, as suggested by the plant "rhizomorhododendron", an image modeling the creative process.

This business of directions is necessarily a crossroad of the senses — a process beyond the individual, finding in the collective material an expression of diversity and of the rhizomorhododendronesque tangle of different points of views. This is why 'Pataphysics has always regrouped, colleged, workroomed, academied up, etc. below, or beyond dogmatic institutions.

Let us come to the Académie québécoise de 'Pataphysique (AQ'P). Its history is "annihistory," insofar that it annihilates itself in the melting of imaginary solutions through the time and space of the known and unknown pataphysical universes. Hence, a second quality for pataphysicians: imperturbability to any ideology, the very impossibility of any conflict, the "brainless" ego acting as a guarantor, avoiding any "ubuesquerie". Only the pataphysical intuition remains, it soars ahead, risking its neck for the benefit of the imagination, then for the idea of becoming a solution, thus a project.

While our academy has, has had, and will have its good moments, tasty moments, more hollow moments, sad moments, gay moments, private moments and public moments, those historical moments will not be part of the history books. As in any pataphysical instance, what counts is to learn from each other. This is why, in particular, AQ'P maintains a cross-disciplinary membership, transgenerational and transplanetary. Young of body and young at heart, they will exchange their pataphysical concerns in an atmosphere of trust and friendship, close enough to Zen, says Ionesco; they leave with a lot of ideas in their minds, or at least nourishment for their creative impulses. The pataphysicians are very "physical", very "metaphysical", and the addition of these two character traits ensures breakthroughs in the world of "beyond": 'Pataphysics, composed of multiple parallel levels of reality.

Private moments of AQ'P are greater in number than public moments. Its monthly convents or gatherings (sometimes a month has more than thirty days) adopt various formulas: creative workshops, scholarly conferences, project presentations, brainstormings, group outings, literary salons, openings of art exhibitions, free exchanges around a richly appointed table, annual banquet, visits from the corresponding members (France, England, Colombia, United States, etc.). It is not necessary to be a Jarry expert in order to be a member of the AQ'P (nor is it necessary to live in Quebec). That being said, you must have proven yourself or be prepared to do so. That is, to demonstrate your instinct for pataphysics which is a Faustrollian skill not to be criticized or questioned, no, just a matter of wonder, to ask questions, to open the possibilities of any proposition, the views changing depending on the variety of engaged disciplines, each one enriching the others. All of the AQ'P convents are pragmatically and locally networks, resonances, echœs. Any presentation, proposal, or idea launched by a member during these convents can elicit reactions or spontaneously abundant replies, and offer virtualities. Hence, the third quality of pataphysicians: the absence of judgment regarding different topics. The content analysis of a refrigerator or a bag of potatœs, as an example taken from this book, is worth just as much as all those existing and non-existing intellectual analyses of allegedly "serious" topics. In short, no subject is taboo for the "AQ'Pist".

That is the atmosphere you'll find in those private moments, resulting in seriousness because no member takes themselves seriously, always seeking to go further in the perception of things of this world, and enjoying the otherness proposed by the convents.

If the AQ'P is less publicly active, it is probably because our convents are generally enough for this task. Group movements such as those known in the 1920s (Surrealism, for example) have been replaced, in the second half of the twentieth century, with more democratic creative groups, less ideological, or a-political, that focus primarily on the very process of creativity. The French Collège de 'Pataphysique and the "OuXpos" bathed in this climate when they were born. And it is still the case today. Even better, because since then, all the pataphysical and ouXpian bodies have multiplied, weaving a web that allows members to kindly communicate with each other, as if the mere fact of working with our pataphysical instinct opened up geographical boundaries.

Real are these forums allowing us to meet great artists, great writers, and those who aspire to it can find in this network of interests what they sought: the taste for research. Independent researchers are members of these forums, some are academics, some are not, but all are interested in 'Pataphysics and its acolyte references.

"The science of imaginary solutions" has created a universal family enriched by original practices. For that is what every pataphysician wants in accordance with the obligations to which Boris Vian had devoted himself, i.e., to think about what one thinks that others will not think about. Among the members of these scholarly societies, allow me to salute Arrabal, Thieri Foulc and Paul Gayot of the Collège de 'Pataphysique, for their warm welcome, and for so many other reasons; Tania Sofia Lorandi from the Collage de Milan for her enthusiasm in cultivating international friendships; obviously, members of the Oulipo with whom the AQ'P has always remained in communication and has also invited on some occasions: Paul Fournel, the director, Marcel Bénabou, the perpetually provisional secretary, especially Jacques Jouet, who collaborated on the AQ'P participation in the magazine *Les Écrits* (we thank Pierre Ouellet in passing), and to continue without end, Julien Schuh from the Society of Alfred Jarry's friends.

Finally, let us pay tribute to our dearly departed members, with whom AQ'P had close relationships: André Blavier, the inimitable leader of the review *Temps mêlés — documents Queneau*; Jacques Carelman, dear friend, author of the *Objets introuvables*; Noël Arnaud (who did a lot and everything about Vian and Jarry); Aline Gagnaire ("oupeinpienne" who had worked in the surrealist world); François Le Lionnais, a friend of Marcel Duchamp who had the idea of the "OuXpos" (an idea now at the forefront of oulipian constraints in the Larousse dictionary); Brunella Éruli and Enrico Baj from the Institutum Pataphysicum Mediolanense; Eugène Ionesco, who was kind enough to grant me an interview[1]; Paul Zumthor, member of the Oulipo and the AQ'P; Jeanne Demers, a member of the AQ'P who always supported me generously — with all these people, the AQ'P is and has been in contact at various times, and they continue (even the departed) to inspire its members, and established the small nuclei of its history. There is a misconception that pataphysicians are jokers, as many critics will say without really knowing what they are talking about. We recognize that humor has always found its place in pataphysical forums, good humor exploiting all its excesses and leaving a large area open to games: word games and picture games. The game, necessarily requiring the inner child, raises astonishment, protecting the pataphysical instinct that makes one able to create a games' game. The AQ'P has never yielded to the vulgarity of *ego*, of an idea, of a project contenting itself.

1. Mc Murray, Line. *Quatre leçons et deux devoirs de 'Pataphysique : Créativité et culture de la paix*, Éditions Liber, 2001.

And since I mentionned "annihistory", I might as well tell you about my very first encounter with 'Pataphysics. I was seventeen years old. I walked into the office of my professor of literature, M. Adrien Gruslin (I give him my regards), and I noticed on a shelf a little book entitled *Clés pour la 'Pataphysique* by Ruy Launoir (it was part of a beautiful collection from Seghers). My youthful pride prevented me then from asking THE question — "What is 'Pataphysics?" — equivalent to the Kantian "What is that?" — the ultimate question we ask in order to remain in a state of astonishment. I promised myself then that I would one day find the answer. I have since realized that 'Pataphysics is a word that affects the so-called mysteries of creativity.

The creative process. A process well illustrated by Alfred Jarry, notably in his novel *Gestes et Opinions du docteur Faustroll, pataphysicien*. AQ'P's unrestricted youth recognizes Jarry's genius for having shown subsequent centuries the roads to follow: the "epi" of the "phenomenon", the potentialization in actualization and, to borrow from Stéphane Lupasco, the new connectivity within complexity in order to be more modern.

The AQ'P is not business-oriented. It dœs not bind itself to any public performances in order to maintain its image and budget just to keep a distinctive skill in a cultural property market. The AQ'P dœs what it wants. Free from the constraints of the cultural industry, it could be content with having its convents, the creative credibility of its members being sufficient, because the AQ'P feeds itself and provides from the "extra," annihilating its own story in the public sense of the term. The AQ'P can be compared to a cultural center for members only that feed and offer themselves as "extra": pure astonishment, stimulation, encouragement to pursue an idea like someone crazy for singularities. The AQ'Pist considers himself in a state of everlasting training, working towards opening and following different paths, as if he followed a trail through an unknown forest without anyone knowing where it leads. To come to a convent is to arrive naked, raw and always willing to exercise one's own imagination and to share it, the convents being themselves outings and adventures in a collective imagination.

The AQ'P is not business-oriented. That being said, it dœs accept invitations. It presented works from its members at the Salon du livre, at the Librairie Gallimard, on the CBC, etc. And recently, it was invited to participate in an international event about new technologies that Alfred Jarry has anticipated by his networks of works, that Raymond Queneau, the late eminent member of the Collège de 'Pataphysique and co-founder of OuXpos, also encouraged with his processes in the manner of *Un Conte à votre façon* and *Cent mille milliards de poèmes*. AQ'P participates in the World Wide Web Conference of 2016, held in Montréal.

Among the public events, let us mention the creation of AQ'P in May 1989 at the closing portion of the event *La 'Pataphysique, d'Alfred Jarry au Collège de 'Pataphysique — exposition, cinéma, théâtre, colloque*[2], which was held at the University of Quebec's gallery in Montreal and attended by prominent members of the College de 'Pataphysique, Oulipo (studio of potential literature) and Oupeinpo (studio of potential painting): Noël Arnaud, Jacques Carelman, Thieri Foulc, Aline Gagnaire, Brunella Éruli, Marcel Bénabou, Linda Stillman (a Jarry specialist from Washington, D.C.) and some Quebecers, among which Jean-François Chassay (a Pérec specialist at UQAM); the latter two being present members of the AQ'P.

2. Event held by the Sacra (ed. L. Mc M., non-profit organization which supports the AQ'P), in partnership with the Gallery of the Université du Québec à Montréal, the Cinémathèque québécoise, Théâtre Ubu, and Chapelle historique du Bon Pasteur. The catalog of the multidisciplinary event (sold out) won the first prize in graphic design in Montreal in 1989. The exhibition at the Galerie de l'UQAM had more than three thousand visitors.

At the closing, Jacques Carelman awarded Line Mc Murray the "keys", in the shape of a toothbrush, of an AQ'P to be created.

Let us point out that it is the second time the group has published a collective work[3]. The first one dates back to 1996 and has for pretext Paul Zumthor, a prominent member of the AQ'P now deceased, a very active member whose presence and spirit was always able to make other members happy. The book includes original artwork and unpublished texts about the life of the AQ'P and Paul's spirit. The authors were the members from that period: Yvon Cozic, Michel Saint-Germain, Manon Pelletier, Fabien Bélanger, Étienne Tiffou, Astrid Lagounaris, Jeanne Demers, Josée Lambert, Gaston Sanchez and myself.

With this present work, the AQ'P marks the 25 years since Jacques Carelman's proclamation in May of 1989. Twenty-five years of unusual convents whose detailed contents in imaginary solutions we will not reveal here. But this 25th anniversary calls for a celebration, or at least it provides a "pretext". Adopted unanimously, the theme of this book was suggested by Gleason Théberge. This theme, the "lieu", could'nt look more like AQ'P's convents, which are primarily places of emergence of imaginary solutions. This second book of the AQ'P embodies the pataphysical spirit prevailing at convents all the while networking, even forming a "rhizomorhododendron" with the places chosen by each member, places challenging their pataphysical imagination. A constellation of "lieux", this collective work is like the pataphysical dependencies of a Quebec reviewed and revisited by THE science.

To extend the metaphor, in-dependence is a word that resonates loudly in the heart of the AQ'P, which is a group of free spirits, image and writing professionals, each one pursuing careers separately, but finding in the AQ'P healing, assistance, cooperation, partnership, continuous learning by invitations, outings and public challenges. Like a cultural mediator, the AQ'P maintains a liberating atmosphere for the craziest of ideas that are likely to be conceived through sharing in the intimacy of 'Pataphysics.

Line Mc Murray, Sa Luminescence
Automn 2014
www.linemcmurray.com

English translation of the Foreword from Line Mc Murray by Sophie Charbonneau and Michel Saint-Germain.

3. The art book on Paul Zumthor is available from the AQ'P (pataquebec.org). There are only very few copies.

Un œil attentif retrouvera dans ce visage-auteur ceux de tou.te.s les vingt-cinq signataires des textes de cet ouvrage, fusionnés à partir de photos authentiques. Si quelqu'un démontrait, par photo transmise, que ce visage est le sien, il serait ainsi démontré, conformément à l'avertissement habituel à propos des œuvres de fiction, que l'intervention du hasard relève du domaine pataphysique du possible réalisé. L'ainsi visagé fortuit pourrait alors se mériter un titre officiel de la part de l'Académie québécoise de 'Pataphysique.

Vingt-cinq lieux d'autant d'années

Introduction

Ce n'est pas sans audace ni minutie que nous vous présentons ces lieux, pataphysiques en eux-mêmes et québécois, puisqu'ils marquent déjà le territoire ou alors qu'ils s'y inscrivent désormais. Car n'est pataphysique et localisé que le regardé, le lu, le dit, le manipulé, le fait, en conscience active ou distraite. De même, tout patenteux, au noble sens d'artisan fabriquant l'inédit, fait preuve de 'Pataphysique appliquée, tout comme fait preuve d'étonnement pataphysique le promeneur interloqué par une couleur, une mouvance animée ou autrement naturelle, une volute, une fenêtre, voire un visage ouvert ou fermé, qui est le lieu le plus énigmatique. Car la 'Pataphysique n'est ni seule abstraite, ni que banalement concrète. Comme la pluie plaque les vêtements sur le corps opaque, elle imbibe et sculpte toute matière de cette réalité parfois invisible pour le cœur, qu'on nomme l'imaginaire. Elle est l'or et l'argent du beurre. Elle est l'ange qui passe dans le silence où chaque pensée crie. Elle glisse, réelle et temporaire, même quand elle se fait certaine et rassurante. Et on ne s'étonnera pas de la savoir québécoise, non seulement par académie, mais parce qu'elle fréchette volontiers, bolduque, en arrache, ferronne, neige d'Hébert et rhinocérosse. Et Gauvreau n'est pas loin, qui ulul'ulait prières précieuses et profanes. Elle naît verte de tous les noms qu'elle éveille et du « oui » qu'elle répond à tous les doutes qui la construisent. Souffle, elle est d'agile argile fragile. Elle se cache, croit-on, alors qu'elle est l'ombre. Sur le béton crevassé de la nature, elle surgit et surabonde, exception pirate et souveraine. Elle paraît transparente, alors qu'elle est lumière mère. Et chacune et chacun de nous n'est-il-elle pas la 'Pataphysique même ?

Imparfaite et singulière, elle triomphe en singularités inévitables. Jamais deux grains de sable au même endroit. Chaque feuille animée de son propre tremblement sous le vent changeant. Les oiseaux chacun leurs plumes toutes dépareillées sous le microscope de l'irréfutable nouveauté des êtres et des choses. Promesse de perfection indéfinie, la 'Pataphysique anticipe le pluriel dans toute solitarité. Car ainsi apparaît-elle, machinante et cabale, et sans souci ni mépris de l'utile trivial, blasonnant ce qui ne sera pas répété. Individu, elle ne s'oppose pas, n'insulte, ni ne querelle. Jamais définitive, elle énonce, rassurante, que tout est possible quand on peut.

Et telles sont les promesses réalisées des mis-en-vues que décrit cet ouvrage, avenir et passé du Québec, lieu divin et des martyrs, de la prière païenne et du Grand Esturgeon, escalier, falaise mutée, Saint-Jérôme et Saint-Élie-de-Caxton, Belle Province de comptoirs et de carte, asphalte triomphante, grand vrac de noble scrappe, burka prophétisant son usage politique ultérieur, ouverture de réfrigérateur ou sortie vers l'intérieur, confessionnal ennuagé, voire têtes nature ou acte de pensée voyageuse ou vocabulée...

Qu'ils vous soient, dirons-nous, et les voilà qui sont !

Gleason Théberge,
lampadophore de la chaire d'Effeuillage

Twenty-five places in as many years

Introduction

It is not without audacity or thoroughness that we present these places, 'Pataphysical in themselves and from Quebec, since they've already made their territorial mark or whereas they are part of henceforth. Because is 'Pataphysics and localised only what is to be looked at, read, spoken, handled, done, in either an active or distracted state of consciousness. Similarly, any tinker in it's noblest sense of the craftsman manufacturing the unexpected, demonstrates applied 'Pataphysics, as well as 'Pataphysics wonderment, the walker taken aback by color, a movement animated or otherwise natural, a swirl, a window, his face genial or impervious, which is the most enigmatic of places. Because 'Pataphysic is neither merely abstract or concretely banal. As rain can plate the clothes on the opaque body, she soaks and sculpts any matter from this reality sometimes invisible to the heart, called the imaginary. She is gold and silver : she has both ways. She is the angel that passes through silence where every thought screams. She slides, real and temporary, even when she makes it certain and reassuring. It is not surprising to know her as a Quebecker, not only through the academy, but because she willingly "fréchette", "bolduque", "en arrache", "ferronne", Hebert's snow and rhinocerosses. And Gauvreau is not far, ulul'ulating precious and profane prayers. She was born free of all the names she evoked and out of the "yes" she answered to all the doubts that built her. Breath, she is agile argil fragile and she hides, it is believed, while she's the shadow. On nature's crackeled concrete, she crops up and abounds, exception pirate and sovereign. She seems transparent, when she is the mother light. When each and every one of us, is he or she not 'Pataphysics in itself?

Imperfect and singular, she triumphs in unavoidable singularities. Never two grains of sand in one place. Each leaf animated by it's own trembling under changing wind. Each bird with it's own set of mismatched feathers under the microscope of the irrefutable novelty of people and things. Promise of indefinite perfection, 'Pataphysics anticipates the plural throughout solidarity. She appears as well, scheming and cabal, and without worry nor contempt for the useful trivial, blazoning what will not be repeated. Individual, she dœs not oppose, nor insult or quarrel. Never definitive, she states, reassuring, that everyting is possible when it can.

And these are the promises that were made of showcases that describes our work, of Quebec's future and past, divine place of martyrs, of the pagan prayer and of the "Grand Sturgeon", staircase, mutated cliff, St. Jerome and St. Elie-of-Caxton, "Belle Province" of counters and maps, triumphant asphalt, large bulk of noble scraps, burka dreamed before its political use, refrigerator opening or inward exit, cloudy confessional, even nature heads or act of thought dreamed or vocabulated...

That they will be, shall we say, and here they are!

English translation of the Introduction
of Gleason Théberge by Sophie Charbonneau
and Michel Saint-Germain.

0,025 millénaire
de solutions imaginaires

Elsa Bouchard

Géo'pataphysique du lieu québécois dans sa potentialité projetée

Le Lieu du Québec est géométriquement triangle exagérément porte la trace sordide sur son flanc est. Cette occasionne des hétéromorphiques qui le problématiquement et privilégié de la Science Aristote, *passim*).

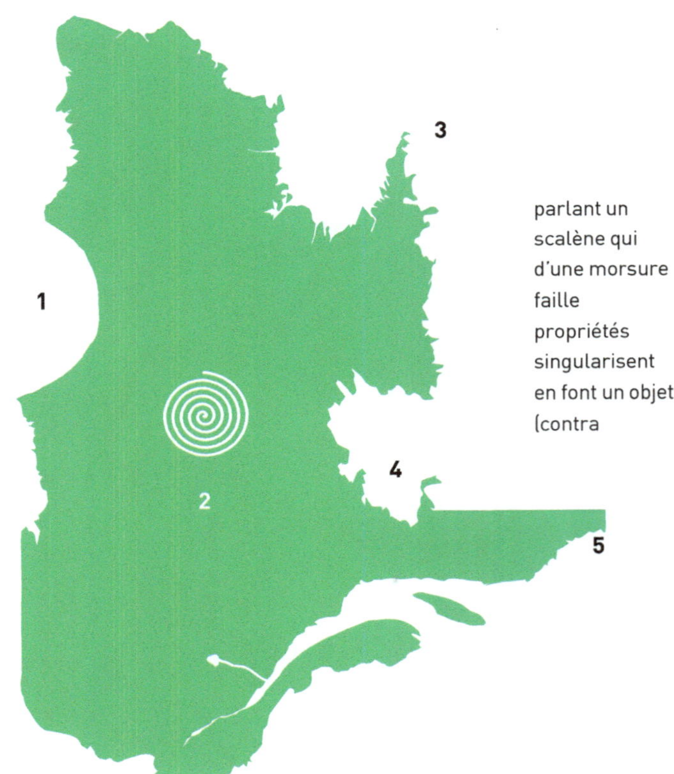

parlant un scalène qui d'une morsure faille propriétés singularisent en font un objet (contra

Légende

1. Bouche bée d'Ubudson
2. Écu québécois
3. Chapiteau à caribous
4. Vide politique (faille majeure)
5. Défense nationale – balles à blanc

Bien qu'amputé
triangle est résolu
enfantissime de la
littéralement aux
l'animation du sujet
suscité.

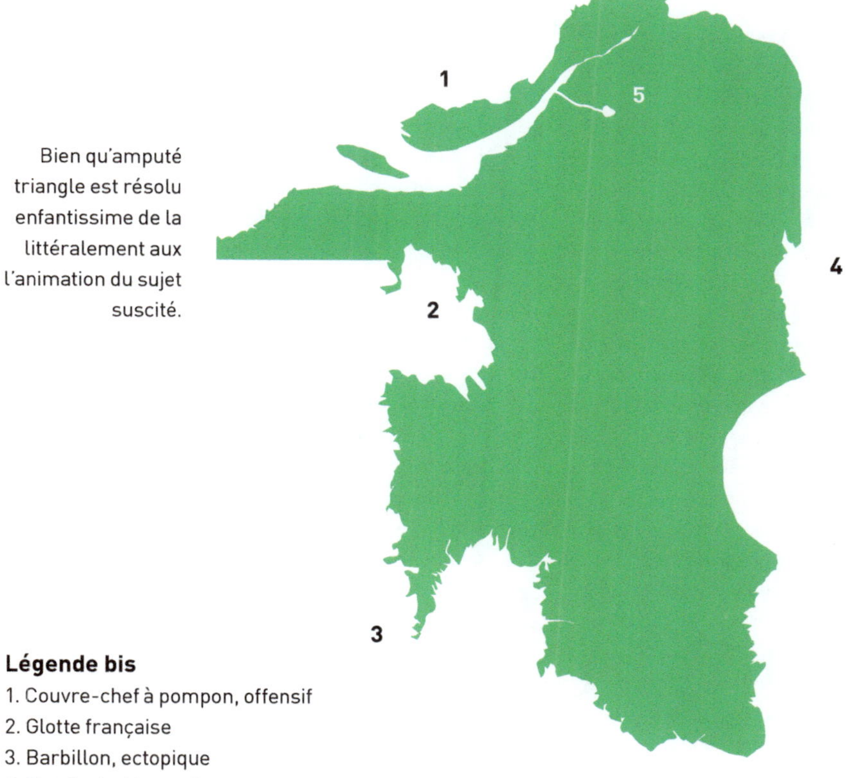

diminutivement le
par le procédé
rotation, qui confère
surfaces planes
imaginativement

Légende bis

1. Couvre-chef à pompon, offensif
2. Glotte française
3. Barbillon, ectopique
4. Entrée du décervelage
5. Nerf optique, aux aguets

Montréal : retour vers le futur

Je me souviens.

J'avais 17 ans. Lycéenne. Mon petit ami m'avait promis de me trouver un poste de monitrice à la colonie d'été où il allait travailler. Pourtant, il en a trouvé un pour son copain. Solution imaginaire ? Partir suivre des cours d'été à l'Université de Montréal. Voilà le tremplin de cette vie dans une autre dimension que je me suis échafaudée.

J'avais 65 ans. Retraitée. Mon fils, 30 ans, est venu se joindre à moi à Montréal. Ce petit ami est son père. Cette fois-ci, il s'agit d'un séjour pour fêter le 8 septembre, la date de naissance d'Alfred Jarry en 1873 ; le 1er absolu, le début de l'année pataphysique ; et le 8 septembre 2013, le 1er absolu E.P. 140, l'anniversaire de la renaissance de l'Académie québécoise de 'Pataphysique. Les études de la lycéenne sont bouclées. Mon intervention sur Jarry et Joan Miró établit la réciprocité des mots et des images, la ligne courbée accidentelle et fortuite qui informe ces écrits et ces tableaux, ainsi que la créativité virtuelle de l'anomalie imprévue. Ma mémoire, mon imaginaire, l'itinéraire de ma vie ubuesque et faustrollienne identifient Montréal comme le lieu du virtuel, du contradictoire, et d'un univers supplémentaire. Mes perceptions de ce lieu tissent un tapis volant pour explorer le temps.

1965 : Mon premier voyage en avion. La durée du vol qui a décollé de La Guardia pour atterrir à Dorval était plus rapide que le temps qu'il a fallu à mes parents pour conduire au volant de leur Oldsmobile depuis La Guardia jusqu'à la maison. Le monde me paraissait dépaysant dans tous les sens.

Cette première visite à Montréal, le souvenir d'un avenir, le futur d'une mémoire, l'ombilic de la 'Pataphysique, a esquissé une carte d'une errance de la 'Pataphysique inconsciente vers la 'Pataphysique consciente. Le temps, l'espace, la distance, la durée, la vitesse, la concurrence des modes de transport : le hublot servait de portail. Cette première visite à Montréal, à l'étranger, vers une culture toute autre, dans une autre langue, avec la manipulation d'une autre monnaie et d'autres calculs exigeait un jeu du potentiel, de nouvelles façons de définir le monde, et correspondait à une déconstruction de la logique, un décervelage, pour valoriser l'excentrique et l'exceptionnel : le passage d'un univers connu vers un univers inconnu et enivrant. L'initiation à l'enjouement et à l'espièglerie de l'absurde pataphysique qui donne lieu à cette expérience se heurtait de plein fouet à mes parents qui sont venus me chercher. Pas d'avion pour rentrer mais une perspective transformée et une subjectivité ludique bourdonnant sur le siège arrière.

Accompagnée à Montréal par ma cousine, nous avons fait la connaissance de nos cousins canadiens qui nous ont fait découvrir la ville. On a quitté le foyer familial pour habiter dans un bâtiment flambant neuf, une Résidence sur le campus de la montagne, autant éblouies par ce paradis moderne que par le Vieux Montréal. Et quelle découverte que ces crêpes bretonnes, cette soupe à l'oignon, la poutine et le pâté chinois : notre banquet ubuesque. Imperturbablement, j'ai rencontré un nouvel ami, un petit ami d'été, qui sera à tout jamais associé à la modernité éternelle et à la 'Pataphysique. Étudiant à Concordia, il a cependant fait la déviation fortuite de venir suivre un cours cet été-là sur le campus de l'Université de Montréal. Dans la Résidence, il y avait une invention qui devait fonctionner pour faciliter la communication à distance. On parlerait

Linda Klieger Stillman

dans le vide devant une machine, et en appuyant sur un bouton, la voix s'en allait de sa chambre de dortoir pour se reconstituer dans le hall d'entrée où mon soupirant annonçait son arrivée. Or, des malentendus s'ensuivaient, grâce à la mauvaise qualité de la transmission doublée par notre inexpertise dans la langue française. La machine participait à une science de désinformation. C'était tragi-comique. Nos voix désincarnées et nos messages virtuels avalés par l'interphone nous ont enragés et fait éclater de rire. Les graines étaient semées. Portées par le vent des balades à moto de ce garçon désapprouvé par mes parents dès le moment où mon frère leur a raconté la vitesse de ce destrier noir, cheval à phynance, la vie s'est modifiée en de nouveaux syzygies. Ma toute première fois montée sur une moto, à Montréal, a déclenché une réaction en chaîne. La machine presque cyborgienne de l'avenir, des conjonctions et des oppositions potentielles, l'exception qui ne rentre pas dans l'ordre, l'inattendu et l'écart, tout cela m'attirait.

1989 : De retour à Montréal comme conférencière. Mon trajet de Montréal à Montréal, tel Faustroll, est jalonné par des atterrissages dans cette ville. D'abord, je fais escale à *La 'Pataphysique, d'Alfred Jarry au Collège de 'Pataphysique*, le festival organisé par Line Mc Murray, où mon intervention met en balance la Déconstruction de Derrida et la 'Pataphysique de Jarry. Depuis mon séjour à l'Université de Montréal, devenue professeur de français et membre du Collège de 'Pataphysique, je cultive la notion de l'équivalence des exceptions et de l'équivalence des contraires qui sous-tendent ces deux systèmes bien que la culture de la 'Pataphysique soit inutile. On a consacré l'iconoclasme pataphysique de la Science par une série de photographies à la station de métro Jarry (sur la photo, Linda Stillman à gauche, Line Mc Murray à droite).

1996 : *Colloque international Georges Pérec* à l'UQAM, je me retrouve à Montréal, ce lieu qui a permis au tourbillon du clinamen de me lancer sur la trace de la ligne en spirale de la Gidouille. Mon sujet pour les Oulipiens, eux engendrés par le Collège de 'Pataphysique, portait sur la suite de Fibonacci, fortement liée à la spirale d'or.

2013 : Line Mc Murray, Sa Luminescence qui veille, me nomme Sublime métèque de l'Académie québécoise de 'Pataphysique. On fête cela à la lumière des chandelles vertes sur le gâteau d'anniversaire de la renaissance de l'Académie. Je suis désormais membre de l'AQ'P. J'ai ma carte d'adhésion. Montréal m'accorde pendant tellement longtemps la déviance, la variance, et l'alliance : piliers de la 'Pataphysique.

Charles Bonenfant

Locus dei quebecensis :
éléments pour une spéculation théogéopolitique (extraits)

Après les vaillants exploits théorématiques du T.S. Vian sur le Calcul de Dieu et les non moins magistrales spéculations jarryques sur celui de sa surface, il serait particulièrement hardi, voire attentatoire, de reconduire un exercice idoine ou un tant soit peu rapproché. Face à la paralipse de la brûlante question théogéopolitique de la nationalité de Dieu, nous pourrions d'abord arguer que l'exercice consistant à localiser Dieu (en un *locus dei*) est un *locus pataphysicus*, au double sens d'espace puis de lieu disputatif, et a fortiori un *locus theologicus*. Borgès ne se plaisait-il pas à dire qu'il y a deux sciences exactes : les mathématiques et la théologie. Il ne s'agira cependant pas ici de céder aux arguments d'un panthéisme sommaire voulant que Dieu soit en toutes choses, puisque « notre » Dieu (au sens où nous dirions « notre héros ») fut jusqu'ici d'allégeance apostolique et romaine, mais de lorgner du côté du don d'ubiquité lequel amène, comme il est généralement admis, le privilège ou l'embarras, c'est selon, de se trouver en tout endroit à tout moment.

D'où cet axiome (un peu claudiquant, comme un certain roi), selon lequel Dieu serait partout, mais préférablement quelque part plutôt que nulle part. La logique aporétique, téléologiquement renversée et dialectiquement vertueuse (par la double négation) d'un « surplace » déjà libérateur, déployé dans le poème « Retour à nulle part » de Gaston Miron transmute le nulle-part en un lieu et rend plausible la localisation du *locus dei* en terre de Québec. L'on sait, par ailleurs, et cet ailleurs est dans le dogme, que la demeure préférentielle de Dieu est sise dans le Saint des Saints ou christiquement dans le Tabernacle. Vu l'étroitesse apparente de ce naos, même sous sa déclinaison le plus spacieuse, il serait loisible, du moins peut-on le présumer, pour Dieu de s'éventer un peu. Dès lors cette question désinvolte : où va Dieu lorsqu'il a besoin de prendre l'air ?

Déployant une logique coq-à-l'ânesque, laquelle n'est pas pour lui déplaire (au pataphysicien), il siérait [alors], pour situer Dieu, de s'en remettre à la formule mallarméenne voulant que « Rien n'aura eu lieu que le lieu », laquelle exemplarise la tautologie (tourte-au-logis pour parler duchampien ou ducharmien). Et là où la tourte, du moins sa variante voyageuse (*Ectopistes migratorius*), se trouvait en logis, et ceci de manière monstrueusement surnuméraire, c'était bien en Nouvelle-France. Celle-ci faisait office de manne ou de peste du ciel selon que l'on adopte une perspective uniquement manducatoire ou doublement biblique. Or, pour le centenaire de la disparition de la tourte et pour conjurer cette extinction, le Musée canadien de la nature aurait pris l'initiative démiurgique de ramener le volatile à la vie à partir de l'ADN d'une espèce voisine. En effet, le site internet dudit musée nous informe que les visiteurs ont « la possibilité (lors de leur passage) de voter pour ou contre la dé-extinction de la tourte ». Suivant la prodigieuse résurgence des questions éthiques depuis plus de vingt ans, il appert que Dieu, faisant en cela œuvre de démocrate, distribue maintenant des pans de son omnipotence confirmant ainsi la locution *vox populi, vox dei*.

Au chapitre des apparitions répertoriées de Dieu (ou d'un dieu qui soit hypostase) au Québec, suspendant le domaine des visions mystiques pour une étude à venir, nous lorgnerons du côté livresque, soit celui de la « surface feuilletée ». C'est sous le double apprêt de la fiction et du rêve qu'apparaît Dieu dans le *Ciel de Québec* de l'écrivain, médecin et cénobite Jacques Ferron, cette triple fonction le plaçant en odeur de sainteté. Le pénultième chapitre du roman relate le rêve de François-Anacharsis Scot et constitue l'adresse prophétique d'un dieu amérindien annonçant la reconstitution du Verbe par enquébécoisement au seuil d'une étonnante dialectique du chrétien contre le chrétien, qui saura plaire, puisque familière, au pataphysicien, dont la position est double, soit à la fois dans le «même» et en surplomb. Dieu a [d'ailleurs] ceci de particulier qu'il est, semblablement à la 'Pataphysique, et par définition, inengendré, ce qui le dispense d'électivité nationale. Au mieux, ou au pire, suivant un concept dédouanant et allant à vau-l'eau, il serait commode de faire de Dieu un citoyen du monde, si ce n'était du fait que Dieu est extra-mondain.

La question de la confession étant réglée ou plutôt contournée, celle antédiluvienne de la langue adamique demeure néanmoins entière. Selon l'hypothèse zappaienne exposée avec force wagnérisme dans la pièce «Sofa n°2» tirée de l'album *One Size Fits All* (allusion généreuse à la commensurabilité domestique de l'Univers et de Dieu), Dieu serait germanophone ou plus exactement s'exprimerait dans la langue de Gœthe lorsqu'il «s'agit de choses sérieuses». Cet emploi circonstancié pose problème, étant donné l'indistinction ou plutôt la non-différenciation pataphysique des postures énonciatives du sérieux et du comique. Pour attester de la québécité de Dieu, il appartiendrait à quelque mythétymologiste de faire la démonstration que la langue québécoise marquée, depuis l'avènement de l'humoriste salarié, du sceau de l'hilarité hypertrophiée, mais dissimulant un sérieux bien convenu, serait plus indiquée pour reproduire les structures mêmes de la raison que quelque *langua ignota*.

Or, au calendrier pataphysique, Dieu est garni de l'épliclèse «retraité». Ainsi donc, Dieu serait entré «dans le dimanche de la vie» pour rejoindre l'actuel papyboom occidental et prouver que même la condition divine n'immunise pas contre le naufrage de la vieillesse. L'âgisme contribue, on le voit, à la fatigue générale de l'Univers et de manière plus localisée, à celle du Canada français, par quelque infaillibles signes diagnostiqués jadis par l'aquiniste (non pas Thomas, mais Hubert). Il est donc vraisemblable que le *locus dei* tardif se trouvât, et de là tout le triste de l'affaire, dans une gérontopole ou mouroir de luxe, du type de ceux que l'on retrouve dans des agglomérations comme celle de Laval en Québec (dont on rappellera à dessein l'ancienne dénomination d'Île-Jésus). Le jarryste avisé et au fait que cette municipalité compte une avenue du nom de son sectataire, aura noté la parallélisation de celle-ci et de la rue André-Breton. Une visite *in situ* nous révèle qu'en fait cette dernière se perpendicularise légèrement et ambitionne de s'engager dans la trajectoire rectiligne jarryque, ce qui, du reste, n'étonnera personne. Les deux rues étaient pourtant destinées à ne jamais se rencontrer (malgré les tentatives répétées d'annexion de Jarry par Breton) si ce n'était de la transversalité énigmatique de la rue portant le nom du traditionaliste, antidreyfusard et monarchiste Paul Bourget.

Martyr à l'érable

Saints patrons de villages québécois

Saint Adalbert, martyr
Saint Adelphe, martyr
Saint Adrien, martyr
Saint Agapit, martyr
Saint Agricole, martyr
Saint Alban, martyr
Saint Alexandre, martyr
Saint Anaclet, martyr
Saint André, martyr
Saint Anicet, martyr
Saint Anselme, persécuté
Saint Apollinaire, martyr
Sainte Apolline, martyre
Saint Barnabé, martyr
Saint Barthélémy, martyr
Saint Benjamin, martyr
Saint Calixte, martyr
Saint Canut, martyr
Saint Christophe, martyr
Saint Clet, martyr
Saint Côme, martyr
Saint Constant, martyr
Saint Cyprien, martyr
Saint Cyr, martyr
Saint Cyriac, martyr
Saint Damien, martyr
Saint Denis, martyr
Saint Donat, martyr
Saint Edouard, martyr
Saint Elie, martyr
Saint Elphège, martyr
Saint Émile, martyr
Sainte Agathe, martyre
Sainte Agnès, martyre
Sainte Anastasie, martyre
Sainte Ursule, martyre
Sainte Apolline, martyre
Sainte Barbe, martyre
Sainte Béatrix, martyre
Sainte Blandine, martyre
Sainte Catherine, martyre
Sainte Dorothée, martyre
Sainte Eulalie, martyre
Sainte Euphémie, martyre
Sainte Félicité, martyre
Saint Félix, martyr
Sainte Flavie, martyre
Sainte Florence, martyre
Sainte Foy, martyre
Sainte Hénédine, martyre
Sainte Irène, vierge martyre
Sainte Jeanne-d'Arc, martyre
Sainte Julie, martyre
Sainte Justine, martyre
Sainte Luce ou Lucie, martyre
Sainte Marguerite, martyre
Sainte Martine, martyre
Sainte Perpétue, martyre
Sainte Pétronille, martyre
Sainte Philomène, martyre
Saint Polycarpe, martyr
Sainte Praxède, martyre
Sainte Sabine, martyre
Sainte Thècle, martyre
Saint Étienne, martyr
Saint Eusèbe, martyr
Saint Eustache, martyr
Saint Évariste, martyr
Sainte Victoire, martyre
Saint Faustin, martyr
Saint Félicien, martyr
Saint Flavien, martyr
Saint Georges, martyr
Saint Gervais, martyr
Saint Guy, martyr
Saint Herménégilde, martyr
Saint Hippolyte, martyr
Saint Isidore, martyr
Saint Janvier, martyr
Saint Jean Baptiste, martyr
Saint Jovite, martyr
Saint Just, martyr
Saint Lambert, martyr
Saint Laurent, martyr
Saint Lazare, martyr
Saint Marcellin, martyr
Saint Maurice, martyr
Saint Maxime, martyr
Saint Narcisse, martyr
Saint Nazaire, martyr
Saint Nérée, martyr
Saint Nicéphore, martyr
Saint Noël, martyr
Saint Octave, martyr
Saint Pamphile, martyr
Saint Pancrace, martyr
Saint Paulin, martyr
Saint Pie, pape et martyr
Saint Pierre de Vérone, martyr
Saint Placide, martyr
Saint Polycarpe, martyr
Saint Pons, martyr
Saint Prime, martyr
Saint René (Goupil), martyr
Saint Roch, martyr
Saint Sébastien, martyr
Saint Sévère, martyr
Saint Siméon, martyr
Saint Sixte, martyr
Saint Sylvère, martyr
Saint Télesphore, martyr
Saint Tharcisius, martyr
Saint Théophile, martyr
Saint Timothée, martyr
Saint Urbain-Premier, martyr
Saint Valentin, martyr
Saint Valère, martyr
Saint Valérien, martyr
Saint Vallier, martyr
Saint Venant, martyr
Saint Vianney, curé mortifié
Saint Victor, martyr
Saint Zacharie, martyr
Saint Zénon, martyr
Saint Zéphirin, martyr
Saint Zotique, martyr
Saints Martyrs canadiens, martyrs

Commission de toponymie,
750, boulevard Charest Est, bureau 100,
Québec (Québec) G1K 9M1

À qui de droit,

Au nom de l'Académie québécoise de 'Pataphysique, je demande à la Commission de se pencher sur la surabondance de martyrs dans la toponymie québécoise, tout en lui suggérant une solution congruente. Nous avons relevé dans le martyrologe romain plus d'une centaine de ces noms à connotation hagionymique. Nous n'avons rien contre les martyrs ; c'est une occupation comme une autre, et il faut bien gagner son ciel. Non seulement le martyr accède-t-il rapidement à la sainteté, mais il voit sa cause validée par la perversion et la brutalité de son tortionnaire. Puisqu'un martyr est toujours persécuté en raison de ses qualités, le complexe de persécution n'est-il pas un signe de valeur personnelle ? Or, ce qui était autrefois associé à la fortitude l'est maintenant au fanatisme religieux, ainsi qu'à d'autres façons, plus subtiles, de manifester son attachement à la souffrance.

La monotonie en est une. Entre vous et moi, lorsqu'une population ressent le besoin d'un changement, n'est-il pas préférable de favoriser la diversité, voire la surprise ? D'ailleurs, le saint patron du peuple québécois, un nommé Jean le Baptiste, est aussi un martyr. Prenons le cas malheureux du village de Saint-Firmin (martyr), qui a troqué son nom, il y a une trentaine d'années, contre celui de Baie-Sainte-Catherine (martyre). On aurait pu changer de registre en même temps que d'appellation. Faut-il encore s'en remettre à des professionnels du supplice pour sauver un pays de la déliquescence et du déclin moral ? Ne devrait-on pas invoquer des figures plus inspirantes, voire imaginaires ? « Martyr, c'est pourrir un peu », estimait le Transcendant Satrape Jacques Prévert. « Juste pourrir », sommes-nous tentés d'ajouter. Qu'en est-il de la joie de vivre tant vantée au Québec ? Je vous invite à consulter en ligne le calendrier pataphysique, ainsi que la glose limpide qu'il a suscitée chez monsieur Charles Bonenfant à l'Université de Montréal. Les quelque deux cents saints de notre calendrier suffiraient largement à remplacer la centaine des martyrs de l'actuelle toponymie. Leurs occupations sont fort variées : sainte Vérola, assistante sociale ; sainte Purée, sportswoman ; saint Alambic, abstracteur ; saintes Gigolette et Gaufrette, dogaresses ; sainte Tabagie, cosmogène. Qui donc hésiterait à se déclarer originaire de Sainte-Marmelade ?

Nous ne saurions trop insister sur la valeur didactique de l'ensemble. Que les saints pataphysiques soient imaginaires, ce n'est pas un obstacle, au contraire. Un bon nombre de saints fictifs sont déjà dispersés sur la carte du Québec : saint Alexis, saint Amable, saint Majorique, saint Onge, sainte Philomène, saint Denis, sainte Marguerite, saint Christophe, saint Lazare. Certes, ce sont les plus inspirants. Leur présence virtuelle dans notre paysage ne peut être que salutaire. Ainsi en serait-il de sainte Lèchefrite. Par conséquent, si vous envisagez une sérieuse refonte de la toponymie québécoise, nous vous enjoignons de consulter le calendrier pataphysique. L'imaginaire de la nation en serait assaini.

Veuillez agréer mes vœux les meilleurs, et ceux de Faustroll.

Michel Saint-Germain, de l'Académie québécoise de 'Pataphysique.
Montréal, le 10 gidouille 141 E.P. (24 juin 2014 vulg.), en la fête de Saint Boudin, recteur.

«Le clocher des savants[1]»

Jacques Carbou

La tour de l'université de Montréal, ou «tour Cormier», est devenue le symbole de cette institution fondée en 1878. Inaugurée en 1943, de style Art déco, elle s'élève au-dessus du pavillon principal, ou pavillon Roger-Gaudry, le premier recteur laïc de l'université de Montréal en 1965.

Ernest Cormier (1885-1980), ingénieur diplômé de l'école Polytechnique de Montréal, après des études en Europe, de 1908 à 1918, à Paris, où il devient architecte, et à Rome, reçoit, en 1924, une commande majeure pour la réalisation des bâtiments de l'université de Montréal sur le mont Royal. Il est encore jeune, il n'a pas quarante ans, et il s'agit pour lui de donner une image moderne du Canada français.

Les travaux commencent en juin 1928, les fondations sont terminées en novembre 1929. De mars 1930 à décembre 1931, s'élèvent les murs extérieurs du pavillon central, sauf la tour. Avec la crise économique, il n'y a plus d'argent pour continuer les travaux qui seront interrompus pendant dix ans. Il faut une loi du gouvernement du Québec pour venir en aide à l'Université de Montréal qui est mise en tutelle. La tour est alors surnommée «la tour de la faim» parce que le paiement des salaires se faisait souvent en retard. Le bâtiment déclenche une controverse aussi à cause du style Art déco moderne (pour l'époque). Le secrétaire de la province et ministre de la santé Joseph-Henri-Albany Paquette déclare qu'il s'agit d'un «monument à la sottise et à la folie». Certains veulent la fermeture de l'université de Montréal et la vente des terrains sur la montagne. Cormier versera 40% de sa commission à la fondation chargée de la survie du projet. Finalement, les travaux reprennent en 1941-1942 et le bâtiment est inauguré le 3 juin 1943, soit 15 ans après le début de la construction.

L'inauguration donnera lieu à quelques exercices d'éloquence; ainsi le chancelier Mgr Joseph Charbonneau s'exclame-t-il: «En 1643, Monsieur de Maisonneuve plantait la croix sur la montagne de Montréal. À 300 ans de distance, nous inaugurons sur cette même montagne du mont Royal, la Cité du savoir».

Haute de 22 étages, la tour à coupole s'élève à 82 mètres ; elle est le point central d'un bâtiment de 280 mètres de long, qui comprend 2496 portes et 6514 fenêtres, 7 escaliers et 14 ascenseurs, et qui a nécessité 4.800.000 briques jaunes, du marbre rose et du granit gris. Le revêtement du toit est en cuivre multicouches ou à membranes.

1. L'expression est du sociologue Marcel Fournier.

La tour de l'université contient des archives et n'est pas ouverte au public au-delà du 6e étage. Initialement, le dôme de la tour devait servir à l'installation d'un télescope. Située sur la montagne, la tour est visible de presque tous les endroits de la ville. Elle se présente comme un mélange de conservatisme et d'avant-gardisme, peut-être désuet aujourd'hui, même si elle reste pour beaucoup un chef d'œuvre de l'Art déco et figure dans la liste des cent plus beaux édifices de Montréal (à la 38e place !).

La dimension pataphysique de la tour de l'université de Montréal se trouve cachée dans les escaliers en colimaçon – en forme de gidouille !

Même si certains lui trouvent une ressemblance avec la tour du Capitole de l'État du Nebraska, à Lincoln, (construit entre 1922 et 1932), il est certain que la tour de l'université de Montréal est unique par sa situation dans la ville ce qui accentue son aspect éminemment pataphysique.

La devise de l'Université de Montréal, *Fide splendet et scientia* (Elle brille par la foi et la science), renforce la dimension occulte pataphysique de la tour. Les esprits superficiels ne verront que la dimension « phallique » digne de la psychanalyse des magazines.

Mon intérêt pour la tour remonte à l'exposition consacrée au travail de Cormier à l'université de Montréal conçue et présentée au Centre canadien d'architecture (CCA), en 1990. Les pataphysiciens et les autres intéressés par cet édifice pourront se reporter à la publication qui accompagnait l'exposition *Ernest Cormier et l'université de Montréal* que l'on peut consulter au CCA. Une photo récente de Stéphane Batigne en 2009 met bien en valeur, selon moi, par sa netteté, la dimension pataphysique de la tour de l'université de Montréal.

L'Hélicoplume[1]

C'est la fois où j'ai rencontré le docteur Veilleux, pataphysicien. L'invitation m'était parvenue le matin même par un automate qui avait la forme d'un pigeon. Il m'a livré un message enregistré sur un petit magnétophone : «Vieux motard que j'aimais, rendez-vous seize heures trente au labyrinthe de l'imaginaire». La fabrication du pigeon n'avait rien d'un mécanisme banal. Ses ressorts étaient très anciens, rouillés et oxydés, tantôt vert-de-gris, tantôt cramoisi. Ils donnaient l'impression de ne plus être fonctionnels, d'être décoratifs, comme si quelqu'un avait déposé ce hublot sur le bord de la fenêtre pour me surprendre, ou me jouer un tour. C'était peut-être aussi un saoulard qui l'a ramassé au cours de sa déambulation et qui l'a posé là, le temps d'une pisse, et qu'entre le moment où il a ouvert puis refermé sa braguette, il l'a oublié. En écoutant son message, je sus néanmoins qu'il n'y avait aucun doute quant au fait qu'il m'était destiné. Aussitôt la lecture terminée, les ressorts asynchrones de l'oiseau se sont activés, l'horloge qu'il portait dans le cou s'est remise à battre et ses ailes affrontèrent le vent. Je vis sa queue reluire au loin.

—

Je ne sais plus comment j'ai pu me présenter à son domicile tel que convenu. Les informations qu'il m'a transmises furent tout juste suffisantes pour deviner qu'il était inutile de chercher un labyrinthe sur une carte géographique. J'eus plutôt l'initiative d'errer dans la ville et me laisser emporter par le kaléidoscope de mes pensées. Seule la désorientation pouvait m'y conduire. Quelques pas de plus et j'y étais. La grande porte s'ouvrit, et un sourire bienveillant éclaira l'entrebâillement. Son regard complice s'approcha et me fis signe d'entrer. J'entendis en arrière-fond de la musique jazz qui provenait d'une vieille radio à lampes. La texture des ondes AM teintait l'endroit d'un filtre orangé, le tapissait d'un velours chaleureux. À peine avais-je pénétré dans l'antre du minotaure que tout autour de moi des machines s'affolaient. En bon chef d'orchestre, le docteur Veilleux venait de lancer une symphonie de ronronnements de moteur, sur laquelle des lumières multicolores valsaient en contrepoint. Dès les premiers battements, je compris par la confusion induite qu'il était trop tard, qu'il n'y avait plus de retour en arrière. Mieux valait plonger dans le capharnaüm, car aucun point de repère connu n'aurait préséance ici.

—

Il m'observait avec complexité. Ses yeux témoignaient d'un plaisir sincère à vouloir saisir (ou déconstruire) tout ce qui se trouve dans son champ de vision. Ça se voyait à l'étincelle dans son regard, qui était si intense que j'aurais pu la suivre, et en deviner les sursauts jusque dans son œuvre. J'eus une pensée pour l'automate de ce matin-là. J'aurais aimé en découvrir davantage sur ses rouages, son fonctionnement, mais l'uniforme en suède qu'il arborait m'en préservait. Peut-être avait-il d'autres petits ressorts, en meilleur état, qui lui servaient de cœur ? Mon hôte m'observait tandis que je rêvassais encore. Je me demandais si toutes ses créations animées étaient l'extension de son être, un prolongement de sa réflexion, ou l'expression libérée de sa folie ? Une sorte d'alliage entre le génie et la machinerie. Je tâtai quelques machines comme pour y découvrir mon chemin, établir des repères. C'étaient de brillants assemblages entre de l'équipement électronique

1. Ce conte pataphysique a été écrit à quatre mains, dans un esprit dialogique. Francis Gauvin a demandé à Florent Veilleux de lui fournir des textes, des écrits non publiés, et parmi ceux-ci il y avait « L'Hélicoplune », une histoire pour enfants où un hélicoptère s'enfonce dans la Lune. Comme Florent a dit à Francis qu'il pouvait torturer ses textes pour savoir s'ils cachent quelque chose, ses fragments ont pu s'immiscer dans le récit de la visite de Francis chez Florent. La (con)fusion qui s'ensuivit a donc respecté la verticalité avec laquelle il approche ses créations (en ouvrant de nouvelles perspectives sur les objets), sauf qu'ici il n'y a aucune mécanique ni jouets pour enfant : c'est le croisement de deux plumes qui donne forme à l'hélicoplume.

et d'anciens jouets qui avaient tous perdu leur fonction. Réunis ainsi, ils formaient la clé de voûte d'un univers irréel, où partout on pouvait reconnaître les traits du docteur : le jeu, l'humour, la virevolte et la bonhomie.

—

Une de ses créations attira plus particulièrement mon attention. C'était une structure en hauteur dans laquelle des téléviseurs et autres patentes audiovisuelles étaient superposés, et à travers lesquels un jet d'eau s'écoulait. Seulement, l'eau se dématérialisait au cours de son écoulement, jusqu'à devenir pure virtualité.

– Ça c'est l'axe du vide autour duquel tournent les anneaux du trop plein, me dit-il.

Interloqué, je m'en approchai comme si la curiosité seule résoudrait le mystère.

– Qu'est-ce qui t'étonne ? Tu vois, quand tu changes l'axe autour duquel tu perçois les choses, c'est toute la perspective qui s'ajuste. C'est pour ça que j'ai filmé à la verticale pendant des années. La vision se transforme selon l'axe autour duquel tu tournes, ou alors, les choses changent de forme : élimination du superflu, amplification, anacoluthe, catachrèse, ellipse, emphase, oxymore, etc. Et ça (pointant la machine), c'est exactement ce que ça fait. L'eau ne disparaît pas réellement, car la virtualité du monde est un trop plein qui gravite autour du vide.

– C'est une machine nihiliste ?

– Rien de nihiliste là-dedans, c'est purement géométrique !

– Hmm...

—

Quand il s'assit, je compris qu'on devait discuter. L'horloge indiquait seize heures trente, et par le temps qu'il servit le thé, elle perdit douze minutes. Je lui fis part de l'étrangeté de la chose et il me répondit que ça n'avait pas d'importance. Après tout, comme le temps est intimement lié à l'espace et qu'on avait modifié l'horizon spatial, il était sans doute normal que le temps ne s'écoule plus de la même façon.

– C'est fascinant ce que vous disiez sur la géométrie... je me demande d'ailleurs comment nous avons pu passer autant d'années, de siècles, à étudier des formes pleines de vide ? Et surtout comment ce vide peut avoir eu autant d'impact sur notre monde ! C'est sens dessus dessous tout cela. Bref, ce n'est tout de même pas pour cela que j'avais demandé à vous rencontrer. Par contre, c'est étonnant à quel point le projet que je veux vous présenter s'harmonise avec tout ce qui m'arrive depuis mon arrivée chez vous. Figurez-vous donc que l'université où j'opère mes fonctions vient de m'octroyer un financement pour lancer un laboratoire archéologique des espaces à venir.

– Des espaces à venir... ?

– Oui, les historiens d'autrefois cherchaient dans le présent les traces enfouies du passé, et ceux d'aujourd'hui pensent trouver dans le passé les signes du futur ; mais tout cela est si rétrograde. De vieilles vignes ne produisent jamais du vin nouveau ! L'archéologie des espaces à venir, c'est une méthode pour atteindre le présent par la géométrie incertaine de l'avenir...

– Comment est-ce possible ?

– Je me le demande encore, c'est pour ça que j'ai demandé à vous voir, peut-être que la 'Pataphysique pourrait y contribuer...

—

– La 'Pataphysique n'est pas une méthode, elle s'expérimente ! Ce que tu dis est sensé, et pour cela ton discours n'a pas beaucoup d'importance. Laisse-moi te montrer quelque chose.

Il se leva et m'orienta vers un de ses petits théâtres, une autre de ses sculptures qui présentait une scène complexe : un ancien tourne-disque servait de piste de danse à de nombreuses figurines qui, lorsqu'il actionna l'interrupteur, se mirent en mouvement. Un ruban magnétique tourna en boucle et une voix grave retentit dans l'espace : « Il s'agit d'une histoire qui se passait... mais quand donc ? Dans une jungle miniature ! Trois petits éléphants s'en allaient tranquillement à la queue leu leu. Le premier et le dernier étaient amoureux. Le premier s'était trompé, il aurait dû se mettre au milieu, de même que le dernier. Mais comme c'était impossible d'être au milieu en même temps, l'un avait choisi la tête et l'autre la queue... » À peine ces paroles prononcées, je me retournai et le docteur Veilleux avait disparu. Je fus soudainement entouré par les personnages qui, quelques instants auparavant, m'apparurent miniatures. J'étais, à mon tour, devenu une simple figurine ! Embêté, je m'assis au pied de ce qui fut jadis un jouet hélicoptère, pour tenter d'éclaircir la situation. Le meilleur moyen pour comprendre ce qui m'arrivait était sans doute de revenir sur mes pas, de refaire le parcours dans mes pensées. Mais comme rien ne faisait de sens, comment en inverser le chemin ?

—

L'idée était bonne, mais elle n'a rien changé à la situation : j'y suis toujours ! Voilà que les figurines de poètes, jongleurs, danseurs, chanteurs et musiciens qui me semblaient si petits s'approchent de moi et s'emparent du vieil hélicoptère. Ils s'affairent de manière invraisemblable à en démonter les pales pour y mettre des plumes.

– L'hélicoplume est le fruit d'une immense confusion entre les Terriens, les mondains, les gens biens, les vauriens, les universitaires..., clame l'un d'eux, comme il vous plaira de choisir.

– Pour moi ce sont des incertains, réplique un autre.

– Ceci pour le contenu. Pour le contenant, l'hélicoplume est une synthèse, un compromis, un malentendu entre un hélicoptère et la plume, d'où son nom, et quelques éléments perturbateurs.

– Cette synthèse ne s'est pas faite sans heurt, mais le résultat est fulgurant : beaucoup plus léger que l'air, il permet de déjouer les lois de la thermodynamique, enchaîne enfin un autre.

Le dernier qui prit la parole sacre un bon coup de main sur l'hélice et les plumes s'entraînent les unes les autres dans les airs avec une énergie grandissante. L'engin prend de l'altitude et des stries de plus en plus épaisses se détachent de ses pales. L'hélicoplume semble hors de contrôle ! Son remuement s'intensifie de plus belle, encore et encore, si bien qu'il provoque une force géocentrique ! L'univers entier change sa trajectoire et, dans l'étourdissement général, tout commence à graviter autour du rotor ! Des particules s'agitent de part et d'autre, et je constate alors que les plumes ne tournent plus, elles sont immobiles et aspirent tout en leur centre.

—

Le regard fixé au cœur de l'hélice, j'ai l'impression qu'on s'enfonce dans le néant... un néant qui prend la forme d'un œuf énorme pourvu de cratères fleuris. « Vous voici suspendu au-dessus de la planète Creuse », reprend la voix de stentor que j'ai entendue plus tôt. Le ciel s'obscurcit à mesure qu'on s'approche de l'astre négatif, jusqu'à être évidé de toute lumière et devenir noir anthracite, ce qui contraste fortement avec la planète écarlate. Puis, le mouvement se halte brusquement : une toile d'araignée s'est prise dans les hélices ! L'on tente de s'en dégager, mais un fil (d'Ariane ?) nous tient, et nous retient encore. C'est alors qu'une énorme paire de ciseaux, tenue par une main invisible, ouvre la bouche et coupe le fil! Nous nous écrasons sur la planète Creuse en un brouhaha et, de l'intérieur de l'hélicoplume, une trombe de musiciens s'échappe et se répand sur la planète comme une trainée de poudre. C'est une cavalcade, une chevauchée fantastique. Les jongleurs s'échappent aussi, ils courent et dansent sur cette rivière de musique. Les fleurs dansent aussi. La planète Creuse sautille, c'est la pagaille!

—

À peine ai-je posé le pied sur le sol mouvementé que je tombe sur le bon vieux docteur. Il m'accueille sur cette planète en m'expliquant qu'ici le temps improvise suivant l'humeur des habitants:

> *– Il n'y a pas d'heure, de jour, de mois, d'année... mais des instants de joie, de joie plus ou moins grande. Il y a l'instant moins, l'instant égal, l'instant plus, l'instant plus-plus ou plus-plus-plus, etc. C'est avec la vie qu'il faut jongler!*

Comme il me dit cela, l'étourdissement s'estompe. Je regarde sous mes pieds, et les cratères fleuris reprennent l'allure du tapis grisâtre. Je devine petit à petit que mes questionnements sur le temps peuvent être emportés par une force aussi fantasque que le géocentrisme de l'hélicoplume. Mon étonnement soudain est interrompu par la voix du ruban magnétique: «Tu vois, t'as compris maintenant.». Le docteur Veilleux me sourit, l'étincelle dans le regard.

L'artiste qui rêvait
d'avoir le courage de traverser
l'aéroport JFK

L'artiste qui rêvait
d'avoir le courage de traverser
la forêt de Brocéliande

Intérieur d'un réfrigérateur (du Québec, il va de soi)

Jean-François Chassay

(la porte s'ouvre et permet la découverte des produits, alignés ou couchés, tranquilles, pas de flânerie, luisant sous la lumière métallique ; *fiat lux*, honneur soit fait à ces produits du Québec et d'ailleurs qui traversent le monde pour se retrouver là, métonymie de la planète, que les petits producteurs soient bénis et certains grands industriels également, mais pas tous)

Je suis un légume
Zucchini, hé, carottes ! Brocoli
N'es-tu donc pas un piment ?
Non, qu'un poivron
J'aime pas ton odeur, dear friend, tu pues un peu des pieds, je trouve

On ne prend pas un gorgonzola à la légère connard, même quand on s'adonne à être quelque chose d'aussi ennuyant qu'un gros pot de mayonnaise Hellmann's, qui ne goûte rien, ne sent rien, n'a pas de vie

Farewell et adieu à vous, reste de papaye en déliquescence !
Farewell et adieu à vous, fruits déconfits sans être confits !

Pour la digestion, pensez à la digestion, elle viendra, les voilà alignés, vaillants soldats, vaillants marins ou produits de la terre, prêts à affronter tous les estomacs, engouffrés par le Léviathan :

Pâte de curry douce, raifort préparé, *mango chutney* (compagnie Midas, ah, une telle richesse, mais c'est sûr, c'est sûûûûr), et encore sauce à la mangue et au gingembre, les deux font la paire, mais que qui, que qui, pâte au cari rouge et tikka masala, ils tombent tous, peu à peu, au combat)

Io, lo, lo, oh, génisse de mon cœur, voilà le lait, le lait avec un «t», attention aux ambiguïtés, et puis deux litres à part de ça, que ne faut-il pas, du calcium, mais oh, lo, que n'en faut-il pas du calcium pour tenir, tenir, sur la mer des sarcasmes que représente notre vie en société, société honnie, je me préfère ici, dans le ventre de la bête (et moi aussi, à la gauche du yogourt et à la droite des olives)

Bien au frais dans le ventre de not' capitaine
Reposant, hop là, dessus le congélateur
Nous menons fort belle vie sans calembredaine
N'ayant pas de soucis, ignorant jours et heures
Il se trouve au gouvernail depuis si longtemps
Que nous ne pouvons nous faire de mauvais sang
Même sachant finir, au bout, la casserole,
Dedans nous y serons, ne sommes ni fou folle

Les œufs les œufs une bonne douzaine *Humpty Dumpty sat on a wall, Humpty Dumpty had a great fall*

EN AVANT LE CHŒUR !

(grosse caisse, tambour ? Non, seulement
des (pommes de terre) grelots)

Mais qu'est-ce que cette bande de petits cornichons qui roupillent comme des bons à côté de la gelée du pays et voilà que et voilà qui

Hommos tahineh
Allah est grand, j'imagine

Le grain de la moutarde, de Meaux sans maux mais avec des mots, oh là là scusez-la

Par Brahma ! Va falloir quérir la viande
là
non, là ! dans le tiroir

bœuf haché
sur le tiroir, les pains pour les hamburgers
(qui se ressemblent s'assemblent; *birds of a feather flock together* comme on dit dans la langue du *corned-beef*
MAIS
les contraires s'attirent, ce qu'il ne faut jamais oublier non plus ;
BREF
toutte est dans toutte et on ne peut jamais prévoir si ça marchera ou non, l'alchimie n'est *pas* une science)

six saucisses qui forment une bande de joyeux drilles
(saucisses/drilles : ça ne rime pas, papantoute, mais aurait bien voulu)

on trouve un reste de tapas, un peu de tout, viandes légumes œufs fruits de mer un amalgame un chaos un cataclysme l'apocalypse protégé dans des plats de plastique (petits plats ben c'mode, non commode, com-mo-de)

Un filet de morue, un filet de sole, un filet de saumon, et puis quoi encore, une darne, et un fond de sardines en boîte mais

Soyons clair : Pas de baleine

(et merci à Herman Melville pour le chapitre XL de *Moby Dick* qui m'a donné une idée)

Manon Pelletier

Lieu portant

TÊTE BÊCHE
MON CORPS SUPPORTE CE LIEU
DE MATIÈRES BOISÉES
COMPOSÉE DE BRANCHES
DE LA FORÊT LAURENTIENNE

Porter le lieu

MONSTRATION

MONSTRER

MONTRER DANS L'ACTION D'UNE ACROBATIE

MON LIEU

MES RACINES

action
de
montrer

Lieu 1 : Muse 1

Le siège de l'âme est au bout des doigts. Cela, tous les amants le savent. Démocrite l'avait sans doute pressenti.

Mais peut-être sommes-nous arrivé au point qu'il faille être plus radical. À l'instar de la perception chez Bergson, qui incluait l'objet avec l'observateur dans la perception, le siège de l'âme se trouve peut-être à l'extérieur du corps. «Avec l'être aimé?», demande l'amant. C'est une possibilité. L'âme serait un creux s'ouvrant sur le monde. À l'intérieur du creux, à l'intérieur du corps, rien. Ou peut-être y trouverait-on le flot de souvenirs dont l'âme serait nécessaire pour en faire le traitement.

Est-ce associer d'une union maudite l'âme basse, celle des sens – et des amants –, et l'âme haute, attirée vers Dieu? Si oui, alors je serai hérétique. L'âme est dans le regard de l'autre, et par extension, dans le désir de l'autre. Aveu blasphématoire : j'en viens à la confidence pour y trouver le lieu de mon âme. La confidence n'est d'ailleurs pas le berceau de la sexualité, écrivait Foucault, en pensant à ce lieu qu'était le confessionnal? Le p'tit Jésus de ma mère, remplacé par l'Inquisiteur? Cela n'allait pas. Pas du tout.

Sans mon âme, elle n'existerait pas. Sans son corps, je n'existerais pas. Une étreinte fictive peut mener aussi loin. Je me remplis de traces d'existence. Je suis le centre de son âme. Je suis l'autre. Vision spéculaire de l'altérité, je ne dois pas oublier l'importance de ma propre errance à travers la cité. J'y vois un temple, baigné de la lumière solaire, et ce temple, c'est son corps. Le mien est en ruine, par le péché, par ignorance, par abstention. Elle, est pure.

J'aime Cybèle comme on aime à genoux. Elle est debout sur sa rive, je le suis sur la mienne. Peu importe où je vais, elle est ma destination. Elle s'y trouve rarement. Peut-être ne suis-je jamais arrivé nulle part. Elle semble toujours avoir un pas d'avance sur moi. Son souffle embue mon miroir quand je sors de la douche. Elle lit par-dessus mon épaule. Elle se démultiplie, et ses avatars habitent l'invisible derrière moi. Et si j'ai le malheur de me retourner, elle disparaît tout simplement, comme si elle n'avait jamais existé.

Cybèle, beauté fractale, amour volatile, je rêve de toi, à même la douceur du jour et l'esprit éveillé ; ne t'enfuis pas, ne t'éloigne pas. Tu resteras gravée dans l'infini et tes mots caresseront ma peau, effleureront mon âme pour la vie. Ne t'enfuis pas, ne déporte pas tes larmes, celles de joie, celles de tristesse, celles que l'on porte en silence, celles que l'on crie sans lendemain.

Cybèle, ondine spectrale, labours si dociles, je m'incline devant toi, à même le fondement du jour, le péristyle de l'aube, l'amorce de l'aurore. J'ai appris à écrire pour t'abreuver de vers. Je n'ai pourtant pas l'âme d'un poète, ni celle d'un ascète, et malgré tout, je vis dépourvu de toi. Le siège de mon âme demeurera toujours au bout des doigts de cette Cybèle-là.

MIRACLE DE LA
BILOCATION

«8460»

Christophe Schinckus

C'est l'histoire d'une date… ou peut-être d'une adresse.

L'espace qui sépare ce doute fera office de lieu québécois, puisqu'il s'agit d'un nombre montréalais. « 8460 », non, il ne s'agit pas des mensurations d'une improbable admiratrice au cou juvénile et encore moins le montant du chèque qu'un émissaire montréalais aussi improbable aurait généreusement accepté de me verser. Non, rien de tout cela…

8460 ? Cela devait être une date… oui, c'est bien cela, c'était une date. Mais qu'aurais-je fait là ? Comment me serais-je retrouvé en ce lieu calendaire ? Aussi certain que la fin me ronge, je pense à présent que c'était une datte suspendue de manière imprécise à mon agenda culinaire dans lequel j'avais inscrit dans une écriture de juif rhumatismal : « Couvent » … Mis à part ce détail religieux, je me demandais encore la raison qui m'aurait poussé à rencontrer quelques culs lunaires de nonnes. Sans doute étais-je invité à un rite anniversaire teinté de jérémiades poly-arthritiques au cours duquel seuls les plus déguisés ont le droit de remplacer les dés du temps par des radis de même heure… Je traversais distraitement les allées velues numérotant ma pensée d'un vernis linguistique grabataire, car je me savais peu doué pour l'exercice de bigoterie intellectuelle auquel j'étais invité. Les heures marchaient plus vite que moi et, au détour d'une rue à la sonorité Wagnérienne, m'est apparue l'évidence du moment : je cherche une adresse, un lieu et non la date de ce prétendu « couvent »…

Par conséquent, «8460» devait se référer à une adresse… sans doute, mais pourquoi y suis-je né tant de fois ? Pourquoi la seule idée de prononcer cette date urbaine me rend-elle plus jeune ? Je me trouble. Sans doute était-ce l'un de ces parkings savants où je suis régulièrement convié à répéter l'irréelle perfection de ma bouse théorique et à faire des bulles académiques puisque telle est ma profession (je survis en distribuant le foin de la science au bétail approximatif qu'une institution vieillissante m'offre en seule guise de reconnaissance). Engaillardi par la découverte de la signification profonde de ce nombre, j'avançais fièrement vers ma destinée. Et puis, soudainement, au coin d'un saint bâtiment férié au décor de vin et sang, apparut un barbu handicapé d'une intensité moyenne qui sortait en trombe d'un autel miteux.

Croyant le reconnaître, je lui tins, à peu de chose près, ce discours :

– Moi (ému, la larme à l'œil) :
«Nom de dieu, le père Noël!!! Tu sais, j'ai été sage cette année, etc.»

– Le barbu (sirotant du vin de messe) :
«Mais non, tête de con... c'est le père tout court... le Très Haut....»

– Moi (enroué) :
«Ahh... euh... pardon»

– Le barbu (se caressant la calotte) :
«Tu sembles chercher ta voix»

– «En effet», lui dis-je. Le poilu mâchouillait des hosties au paprika et semblait un peu illuminé. Après un rot divin, il m'indiqua la voie de ses membres troués...

Tout devint alors plus clair dans ma tête de mécréant : «8460» c'est là le chaînon manquant ! Le code nécessaire pour grignoter du cartilage aviaire avec ces emplumés de pataphysiciens! « 8460 » est ce lieu québécois mythique géographiquement vide où je fus invité à prononcer mes vœux de sublimissime Métèque et à travailler sans relâche aux conditions d'émergence d'une théorie sur l'érotisation du grille-pain...

De la pataphysique d'un lieu sauvage

Line Mc Murray

Le sauvage paysage entre dans
la tête tel un passeur d'âme(s)

mur au toucher sculpté
voilà des milliers d'années

astéroïde de granitoïde fossile

dos de terre de pierres d'êtres
escarpement de blanc cristal
poussant aux sommets
ses arbres ses lits
ses îles d'éboulis

conifères à l'âme falaise
leur chant paître

Le paysage sauvage entre dans
la tête tel un passeur d'être(s)

avalanche de blocs
falaise de grottes

doux êtres discrets
craies criant
des spontanément

creux des épineux
coques de yeux épient
les phénomènes
les solutions volant
d'en-dessous au-dessus
des champs d'âmes

à des solutions imaginaires dans la tête

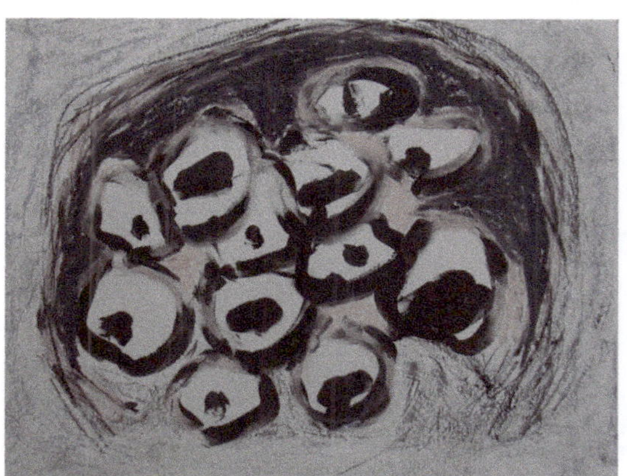

A Mystery of the Saint Lawrence Riverbed at Quebec City[1]

Go to sleep, go to sleep,
Little unripe baby.
Quickly, quickly, quickly go to sleep.
If you don't stop crying,
The great sturgeon will hear you from under the water.
It will come up onto the bank of the river
And gobble you up[2].

The shape of the bed of the Saint Lawrence River in the area of Quebec City has been much altered in recent years by the construction of the Boulevard de Champlain. It is now impossible to verify the existence of an underground watercourse that might once have run from Lac Saint-Pierre to the Saint Lawrence estuary. It is thought that this tributary could account for the presence of certain freshwater fish near Quebec City whose passage would otherwise have been obstructed.

The recent discovery of a diver's journal from the end of the nineteenth century has given rise to speculation among marine biologists about a now extinct species of sturgeon, that might have inhabited the Saint Lawrence River, but been unable to adapt to the perturbation of its environment. This is the Horned Sturgeon, (*Acipenser rhinolophus)* a species of freshwater sturgeon that is supposed to have been extinct for several centuries and which only exists in fossil form. The journal records the daily dives of a pair of divers examining the river bed near Quebec City as a part of the ongoing exploration for a deep draft seaway. The entry in question, dated 8 September 1873, records sighting an unusual horned sturgeon, possibly 12 to 15 foot long.

Survivors from the pre-Jurassic era and among the most ancient creatures on earth, sturgeons had a special status among all North American Indian tribes, including the Iroquois, by whom they were revered. Based on a Finnish myth, but set on Lake Superior, Henry Wadsworth Longfellow's famous pœm, *Hiawatha*, celebrates the danger and challenge of fishing for sturgeon, King of the fishes :

Forth upon the Gitche Gumee,
On the shining Big-Sea-Water,
With his fishing-line of cedar,
Of the twisted bark of cedar,
Forth to catch the sturgeon Nahma,
Mishe-Nahma, King of fishes,
In his birch canœ exulting
All alone went Hiawatha.

1. Une traduction française du texte de Jill Fell est disponible à la page 53.
2. Translation into English of an Iroquois Indian lullaby.

An Iroquois settlement dated at about 1320 is being excavated at the McDonald site at Saint-Anicet. Here, the remains of a necklace of so-called "sea ivory", made from the bones of sturgeons and which may have acted as a protective charm, have been discovered. A horn amulet of unknown provenance is among the bones.

Despite the 1994 discovery of a small population of sturgeons in the Thousand Island area, the Lake Sturgeon, (*Acipenser fulvescens*) in particular, is not thought to stray into the saltwater area of the Saint Lawrence River as far down as Quebec City. The Atlantic Sturgeon, (*Acipenser oxyrinchus oxyrinchus*), on the other hand, is known to overlap with the Lake Sturgeon and to spawn in the stretch of the river between Quebec City and Trois-Rivières. Neither of these sturgeons fits the diver's description.

The diver's journal records that he and his colleague came face to face with "an enormous horned and whiskered muzzle" on the river bottom, which could only belong to a sturgeon. The creature's monstrous appearance was enhanced by a number of long growths all over its body. The divers identified these "growths" as sea lampreys (*Petromyzon marinus*) sucking the sturgeon's flesh. The diver, who kept the journal of the survey's progress, attempted a sketch of the creature they had seen. The diver also noted their excitement on finding the opening to a long cavern, whose tunnel-like depths stretched so far that he and his colleague were unable fully to explore it on account of the limitations of their breathing equipment. We must take into account that in 1873 breathing equipment was still primitive and heavy, and the weighted shœs that kept the divers on the bottom also made movement laborious. Although the glass panes on their helmets were positioned at the sides as well as the front, it was impossible for them to turn their heads, making visibility limited. The dim light under water also meant that torches were necessary.

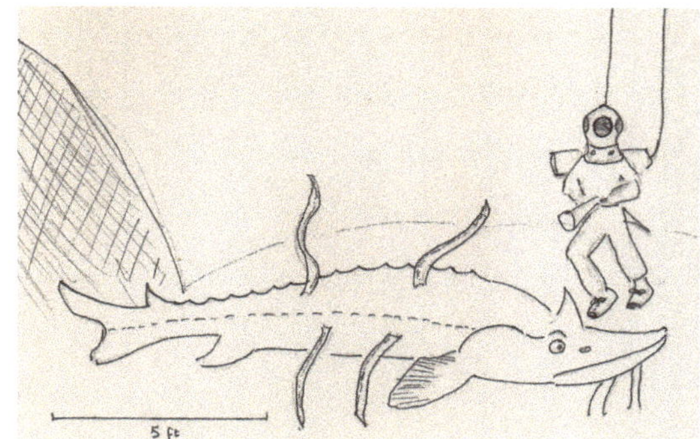

It is unfortunate that the author of the journal was tragically lost during a subsequent dive and his body never retrieved. His safety ropes must have become tangled in an obstruction. His breathing equipment was eventually retrieved but not the body itself. It appears that he entered the cavern and could not then get out. In the report on the incident, his companion confirmed the sighting of a giant fish, which liked to occupy the entrance to the cavern. The fish was not subsequently seen by other members of the team, and it was not thought useful to the survey to explore the cavern further. An alleged second sighting of a Horned Sturgeon in 1907, which would lend credence to the first story, although much smaller in size, has not been corroborated. The notion of an ancient underground waterway linked to Lac Saint-Pierre, now blocked, but through which fish used to pass and which could have been home to an extinct species, is nevertheless intriguing.

la Pataburka

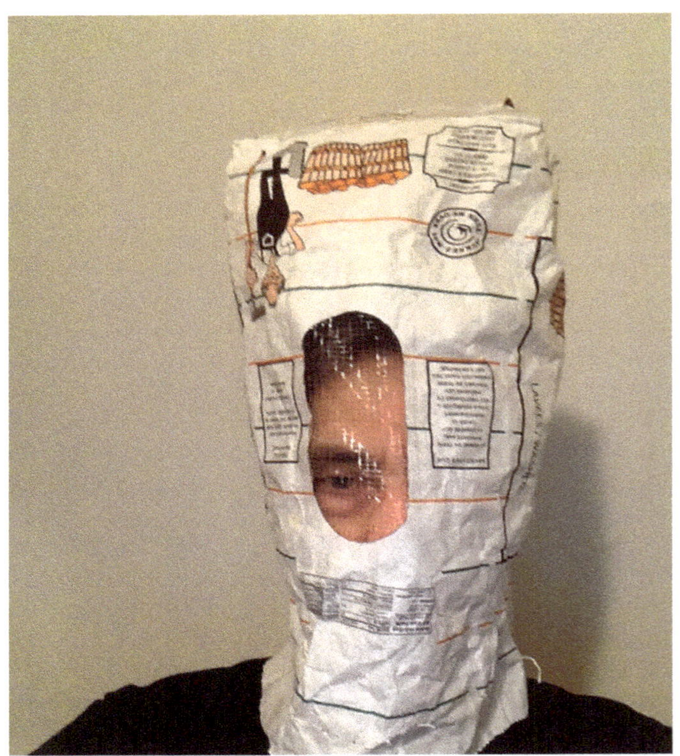

avant

la Pataburka

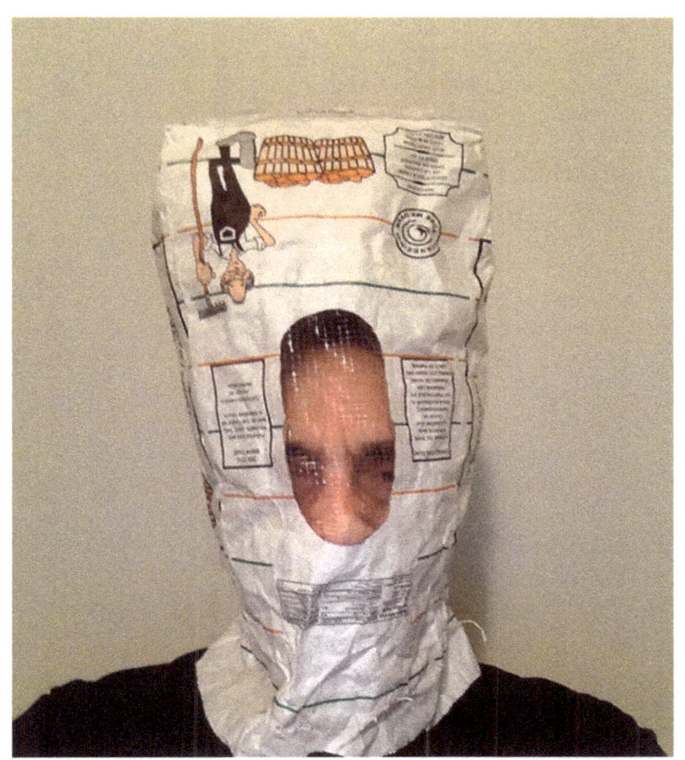

après

Relaxe

Pierre Gallais

Convoqué par le tribunal des instances de l'**Académie québécoise de 'Pataphysique**, suite à une certaine relaxation dans la fourniture des pièces relatives au « LIEU », je m'empresse de plaider non coupable. Étant tout d'un bloc, je ne saurais être coupable et susceptible d'être mis en pièces.

N'ayant aucune inspiration sur le thème du Lieu, au lieu de parcourir des lieues et m'égarer, je préfère me garer et réfléchir comment je pourrais aboutir au non-lieu et à la relaxe.

Le non-lieu conduit naturellement à l'idée de voyage. En 2011, je fis le voyage qui me conduisit au Québec… mais, le territoire étant immense, je n'en parcourus que quelques lieues, me limitant principalement à Montréal et de plus à pieds, qui est l'unité de valeur en vigueur pour les distances. C'est bien maigre et usant, malgré tout, si je ne m'abuse !

Pour ma participation à l'ouvrage, je songeais un temps à produire un itinéraire de voyage en car, me proposant mentalement de joindre, par ordre alphabétique, toutes les villes et villages dont le nom débutait par « Car… ». Je dus renoncer car je n'avais pas les documents cartographiques suffisants pour produire un voyage riche qui me conduise à découvrir suffisamment de lieux. Ici, qu'importe les lieues, puisque c'est mental…. ça ne coûte rien et ne fatigue pas les pieds. J'avais, il y a déjà une dizaine d'années, produit une pièce dans ce sens mais sur le territoire de la France. Espérant que celle-ci puisse me conduire au non-lieu et à la relaxe, ce sera celle-ci que je vous livrerai ci-dessous !

La société anonyme **Carabistouille**[1] : une société de transports en commun, hors du commun.

Cette société propose deux prestations. L'une, en ville assure la liaison entre les gare Debout, gare Defou, gare Niture et les thermes Minus, en suivant un itinéraire Bis ; l'autre est un voyage organisé, en car et bus. En car, parcourant la France pour joindre, dans l'ordre alphabétique, les villes et villages commençant par Car. En bus, celles et ceux commençant par Bus.

La place pour stationner sur cet ouvrage étant limitée à deux pages et vu l'encombrement de nos « Cars… » je ne présenterai que la partie relative à l'itinéraire Bis.

Veuillez patienter !
Relax

Passe le temps,
sonne l'heure…

Je demeure !

1. Carabistouille : bêtise, galéjade, plaisanterie belge.

Itinéraire BIS

Si vous vous êtes perdus en quittant la gare NITURE et que vous cherchiez à rejoindre les thermes MINUS.

D'ici vous allez jusqu'au quai BEC en laissant derrière vous les rues ISSEAUX, rue IN, rue PAIN, et rue STINE.

Arrivé au quai Bec vous verrez montée des CENDRES. Evitez ; c'est trop compliqué.

De là vous essaierez de rejoindre le quai MANDEUR en empruntant la voie RIZ mais surtout pas la voie TURE; elle conduit à l'impasse PARTOUT.

Bien sûr, vous pouvez suivre la rue ZÉE, mais méfiez-vous elle conduit au cours TIZANE.

Si vous n'arriviez pas au quai Mandeur demandez la rue MEUR ; elle est parallèle au cours BURE et s'achève au quai Le CONQUE. Le quai Mandeur prolonge le quai Le Conque quand vous tournez le dos à l'impasse CIBLE.

En suivant le quai Mandeur restez vigilant il se pourrait que vous finissiez au cours BOUILLON après avoir traversé les cours GETTE, rue TABAGA et cours TIL. Si vous avez bien pris soin vous devez arriver au pont CIF et apercevoir la tour TERELLE.

Tournez le dos au pont Cif, prenez là : rue BATEAU. Vous ne pouvez vous tromper. De part et d'autre de la rue il y a deux enseignes : A la RAME et Bar CAR HALL (une note historique indique qu'à l'origine ce bar s'appelait Barque à rôle, car c'est à ce bar que se faisaient les castings pour des artistes qui étaient dans la galère) qui vous orienteront vers rue BICON.

Franchissez rue Bicon. Vous apercevrez l'arrêt VOLUTION et l'enseigne CARS BAGNOLE.

Les Cars BAGNOLE vous conduiraient certes aux thermes Minus mais ce sont des cars à Hoquet et il se pourrait bien qu'ils vous fassent danser la Carmagnole (pas très agréable).

Je vous conseille plutôt de poursuivre l'itinéraire BIS en parcourant la rue BRIQUE qui est sportive, mais cela vous permettra de découvrir la rue GUEUSE et monter la rue RÂLE où se trouve l'arrêt JOUIR.

C'est là, à deux pas, que sont garés les Cars à Bistouille de la société CARABISTOUILLE à l'arrêt BUS.

Vous êtes sauvés, Car UN et Car AH ! vous conduiront, rubis sur l'ongle, jusqu'aux thermes Minus en vous permettant de découvrir montée CRISTAUX, montée LIMAR, montée NÉGRO et vous épargneront ces cours BATURE et cours BETE qui n'ont aucun intérêt. Par temps clair, depuis la montée Négro, vous pourrez apercevoir le mont RÉAL, comme du quai Bec.

Bien sûr, de la gare Niture où vous êtes, l'itinéraire le plus cours est de suivre le cours MÉTRAGE qui vous mène aux thermes Minus en dix minutes. Cependant, aux heures de pointes, il y a une queue pas possible au niveau des quais CIÈRES et place HEUSE. Il se peut que cela dure une heure trente, voire plus. Vous vous énerverez, voilà tout.

Si vous avez pris malheureusement ce chemin, je vous conseille de vous arrêter dès que vous verrez impasse TEMPS, en vous souhaitant de trouver une place au soleil.

Notez bien : le cours Métrage est à double sens. Dans l'un des sens vous vous écartez du droit chemin. Si c'est le cas, allez jusqu'au quai ROZEN. Là vous vous ne pourrez pas rater la station d'essence. Faites le plein, si besoin, puis rebroussez chemin. Vous retrouverez le bon sens.

Alain DEX : conseiller en orientation

Céline B. La Terreur

Qu'elle soit dévote ou de notre laïcité citadine, la prière est un lieu
en ce qu'elle croît au corps même et le concentre en désir, en appel d'apnée, en cri murmuré.
Quand la rumeur est tue et que l'esprit se drogue de formule,
le corps se loge ailleurs qu'en la rue meurtrie des bruits tués.
C'est une seule corde de contrebasse vibrée contre battement de lèvres ouvertes
et de dieux fermés, peut-être.
C'est ici l'hymne sainte à la Céline laïque, laïtoulalère que voilà !

— Gleason Théberge, lampadophore de la chaire d'Effeuillage

Prière à Céline B. de la Sainte Terreur

Céline B. de la Sainte Terreur,
patronne des femmes, des âmes inquiètes
et de la lingerie masculine éblouissante,
répandez vos grâces de joie
et éveillez les consciences
dans tout l'univers afin que règne la paix.

Céline B. de la Sainte Terreur,
exaucez-nous.

Transsubstantiation païenne

Gleason Théberge

Créée par Normand Forget en la cathédrale de Saint-Jérôme en 2013 sous le titre *Le deuxième jour* [1], l'intégration artistique du confessionnal est constituée d'aluminium brossé et de cuivre à l'emporte-pièce, qui évoquent la séparation mythique de la terre et des eaux.

1. Photo : gracieuseté de Valérie Lépine du *Journal des citoyens de Prévost, Piedmont et Sainte-Anne-des-Lacs.*

Religion et 'Pataphysique

Archaïque et solennel, le confessionnal prend ici en la cathédrale de la province Labelle, l'allure d'un retour à la saine nature, libérée du chaos de la faute, sans obligation d'aveu, sans l'angoisse du doute véniel ni mortalité d'âme. Car une fois le confessionnal abandonné, livré à l'esthétique, plus personne n'est confiné à l'obligation d'un pardon à peine murmuré. Plus d'œil de dieu suivant Caïn, derrière un grillage à la porte se fermant. Ni autre témoin animal. Que du bleu et blanc, de l'or, du propre.

Et ce n'est pas d'abord dans ce témoignage d'abandon des rituels que réside le caractère pataphysique de ce confessionnal esthétisé, mais en cette disparition de l'autorité du confesseur, jadis chargé d'effacer la faute et d'en fixer la pénitence. Car dans tous les écrits d'émanations pataphysiques divergentes, il semble n'y avoir de nécessité pas, mais contingence plutôt. À l'image approximative du Parti rhinocéros québécois, sans doctrine autre qu'originalité, et dont tous les membres sont vice-présidents, fondé par le Jacques Ferron, docteur du Saint-Élias.

Car la 'Pataphysique, nullement inféodée à la religion, ne se préoccupe pas de l'Obligatoire. L'eau, par exemple, est nécessaire aux êtres vivants, mais le fait d'en boire est ainsi pataphysique seulement par les circonstances où le geste est commis, la manière dont la substance est perçue. Depuis que le vin est produit autrement qu'en mélasse, il est malvenu d'y mettre de l'eau, glacée, oxygénée ou plate, ajout qui rend vain de l'appeler «vin». La sainte allégresse de la sangria ne ramène d'ailleurs pas la substance à son état antérieur. Et il en est ainsi de la faute, dont aucune confession même y ajoutant le pardon ne fait disparaître les effets.

Mais qu'on ne pas s'en afflige ni se réjouisse : nul regret n'est nécessaire en 'Pataphysique pour être exhaussé égal à soi ou transsubstantialisé en choses diverses et successives, dans la patience des siècles, car de c.o.n.f.e.s.s.i.o.n.n.a.l., par exemple, on peut déjà tirer la diversité des *facile* ou *calife*, *finance* même, *œil* et *clin*, *seins* et *fesse* (mais singulière), *lac Ness*, Nil ou *Noé*, *Caïn* mais sans Abel, *noces* et *fiancé*, mais pas fiancée, ni femme, ni homme non plus, mais *nonne* oui, et *ciel* mais sans curé ; *salon*, *folie*, *sel*, une seule fois *saison* (laquelle ?), *foi*, *Noël* et *café* ; mais aucune âme ne s'y loge, ni aveu ou pardon, ni dieu ni ange... et quant au nuage, au bleu ou au blanc, c'est bien à l'extérieur qu'on les voit, jamais dedans.

Quelques morceaux d'asphalte et lieux signés

L'asphalte comme lieu commun pataphysique

La Ligue des Adorateurs de l'Asphalte fut fondée en 199… dans le but d'honorer, en leur décernant une médaille de plastique simili-or, ceux qui entourent leur demeure d'asphalte bien noir au mois de juillet. Le fondateur et président directeur actuel de la LAA habite sur Longueuil.

Art conceptuel et sérénité

À la fin du dernier millénaire, j'ai conçu les trois œuvres conceptuelles que voici :

D'abord j'ai signé comme objet trouvé et ready-made le mont Royal. De la sorte, Maisonneuve s'est trouvé à planter une croix sur une future œuvre de François Raymond.

Ensuite, j'ai signé la Terre au pied de mon garage, aussi est-elle la seule œuvre sur laquelle il y a des viols, des meurtres, des guerres et des génocides.

Enfin, j'ai signé comme objet trouvé et ready-made l'Univers : c'est une des seules œuvres qui contiennent tous les artistes et toutes les autres œuvres, toutes les collections et tous les Musées.

L'Oulipo sous la yourte

Marcel Bénabou

Bien que j'aie à mon actif plus d'une dizaine de séjours au Québec, bien que je sois familier de longue date avec la très forestière région de la Mauricie, et plus particulièrement avec le petit village de Saint-Alexis-des-Monts, où est née et où vit mon amie de toujours, l'incomparable et infatigable pataphysicienne Line Mc Murray, je ne connaissais pas Saint-Élie-de-Caxton. Pis encore — il me peine de devoir faire cet aveu humiliant - je n'en avais jamais entendu parler.

Ignorance ô combien coupable ! Car — j'ai dû bien vite me rendre à cette évidence — au Québec, tout le monde connaît Saint-Élie-de-Caxton. Ce charmant village a la chance d'être la patrie du très célébré conteur-chanteur Fred Pellerin. Mais ce n'est pas tout : Saint-Élie abrite aussi une autre célébrité, et c'est sa yourte. Eh oui, une yourte, comme chez les Mongols ou bien chez les Turkmènes, dans ces mélodieuses plaines de l'Asie centrale si chères à Borodine. Une vaste yourte, fort judicieusement baptisée «Au Rond-Coin», et fort confortablement aménagée : on peut y dormir, on peut y boire et y manger, mais on peut aussi, c'est plus inattendu, s'y cultiver. C'est sur la scène de ce lieu insolite entre tous que je me suis retrouvé, sanglé de noir de pied en cap, en compagnie de mon ami Paul Fournel, mêmement vêtu, au soir de ce premier samedi d'octobre 2011 (qui se trouvait être aussi, heureuse coïncidence, le samedi 1er octobre 2011).

Que venaient faire là, me demanderez-vous sans doute, si loin de leur base parisienne, le président et le secrétaire de l'Ouvroir de Littérature Potentielle ? La réponse est simple : ils venaient, une fois de plus, accomplir une tâche à laquelle ils se consacrent l'un et l'autre avec dévotion depuis quelques dizaines d'années : porter aux masses la bonne parole oulipienne, leur révéler, textes à l'appui, les subtiles beautés de l'écriture sous contrainte. Mais ce soir-là, les conditions de la lecture étaient aussi particulières que le lieu.

La soirée avait été présentée comme un «Cabaret pataphysique» et se déroulait en plusieurs étapes. Cela commença donc avec une «prise de parole libre» par divers membres d'un groupe appelé «les Poètes en herbe» : cela nous permit d'entendre les attendrissantes productions de quelques apprentis-poètes, dont certains n'avaient découvert leur vocation qu'au soir de leur vie. Une longue pause s'ensuivit. Et ce fut à notre tour de nous emparer des micros. Mais, contrairement à nos habitudes, nous n'étions pas seuls. Le programme, minutieusement mis au point au cours de l'après-midi, faisait alterner plusieurs intervenants, qui tantôt lisaient, tantôt chantaient, accompagnés du musicien Jean-Michel Renaud : Guy Marchamps, le chaleureux poète trifluvien, Élaine Bélanger, la grande-prêtresse des Soirées de poésie au Rond-Coin, Karine Lacombe, membre du groupe Saint-Alexis-des-Mots et bien entendu Line Mc Murray, cheville ouvrière de toute l'entreprise, et qui n'a jamais mieux mérité d'être appelée Sa Luminescence, le beau titre qui est le sien au sein de l'Académie québécoise de 'Pataphysique.

Ainsi se déroula, dans une constante et communicative bonne humeur, cette très festive soirée sous la yourte, dont l'histoire des manifestations oulipiennes n'a guère connu d'équivalent.

La légende du dernier adorateur de la Sainte-Patate, pleine de grâce

À Longueuil, coin Roland-Therrien et De Gentilly,
à la terrasse de La Belle Province,
le jeudi entre 17 h et 18 h, un homme tout de blanc vêtu vient s'asseoir.
Qui est-il ?
Nous sommes en présence du dernier adorateur
de la Sainte-Patate, pleine de grâce.

C'est au comptoir-cuisine de ce restaurant au moment où il s'apprêtait à changer les frites dans sa commande d'un trio par des rondelles d'oignons panées que l'étrange personnage eut une illumination.
Le contenu de cette révélation est secret, mais en tant qu'adorateur de la Sainte-Patate pleine de grâce il se doit de venir ainsi le jeudi témoigner par sa présence qu'il en est le récipiendaire et le gardien.

La cour à scrap de Jean-Paul Colmor

Une exposition pas comme les autres

Le vrai voyage pataphysique ne mène nulle part.

Une guerre ou une météorite n'eussent pas fait mieux. Empreint de la douceur et du calme qui émergent des paysages dévastés, le site, incommensurable, coupé du monde et de la réalité, est énigmatique, abstrus. Matelas, vêtements, vélos, enjoliveurs, matériaux de toutes sortes, souvent réduits à l'état de détritus, entassés dans des carcasses de voiture et de bus en guise d'abris de fortune, jonchent les quelques allées qu'on doit emprunter afin de parcourir les lieux.

Une vieille bicoque, à l'entrée du domaine, masque le paysage dénaturé. Elle n'est guère plus aérée. Figurines, disques, frusques, bidules et autres colifichets occupent et saturent de toute part un espace déjà trop étroit.

Le maître du logis est accueillant, volubile, grandiloquent, volontiers communicatif, évoquant un passé trouble, des souvenirs équivoques, tout en nous entretenant de son quotidien. Épris d'une vertu salvatrice, il nous signale avoir vidé les rues de Montréal de ses multiples carcasses de voiture, il y a maintenant plus de quarante ans, en prévision de la tenue prochaine de l'Exposition universelle de 1967 en les ramenant chez lui !

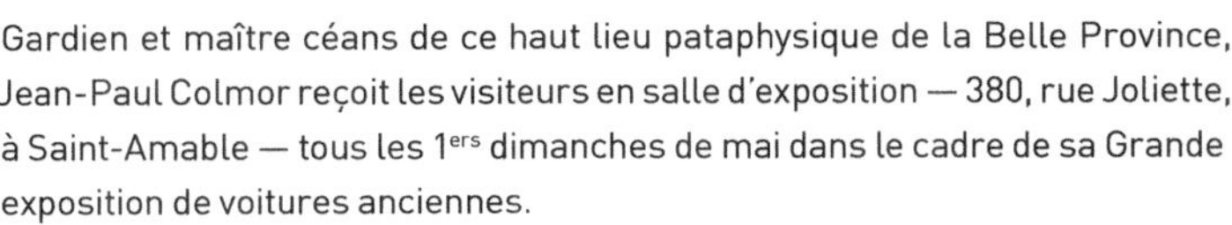

Gardien et maître céans de ce haut lieu pataphysique de la Belle Province, Jean-Paul Colmor reçoit les visiteurs en salle d'exposition — 380, rue Joliette, à Saint-Amable — tous les 1ers dimanches de mai dans le cadre de sa Grande exposition de voitures anciennes.

Méthode pour embrasser des embrasures non embrasées

4 Huiles sur toile retendue par ALTER REBIS, portraitiste d'architectures intériorisées — *alter-rebis.com*

Vue d'une des deux sorties intérieures du niveau -1 du Bohème, depuis la place 029

Parallaxe de l'embrasure no -1-029
(Huile sur toile retendue, 30"x 40")

Vue de la sortie vers l'intérieur du niveau -1 du Bohème, depuis le bord de la place 029

Vue frontale de l'embrasure no -1-029
(Huile sur toile retendue, 30"x 40")

Vue de la sortie sur Belmont, depuis une entrée située à environ 900 m de la sortie normale du Bohème

Extérieur nuit avec effet d'embrasure
(Huile sur toile retendue, 40" x 30")

Vue d'une des deux sorties vers l'intérieur, au niveau -2 du Bohème à environ 7 m de la place 080

Perspective de l'embrasure no -1-080
(Huile sur toile retendue, 40" x 30")

Souvenir d'un avenir québécois[1]

Andrew Hugill

The motto of Quebec is "Je me souviens" (I remember). Given that I have never visited Quebec, these Perec-inspired recollections of my time spent at the Académie québécoise de 'Pataphysique *must be the becomings of memories.*

I remember the cactus and its slow habits.
I remember the way a rubber band came to represent not a binding together but a release.
I remember zygo.
I remember green light from the green candle.
I remember Ding et Dong.
I remember a cartoon man being pursued by an apartment block, again and again.
I remember corrugated trains.
I remember the Morlocks.
I remember the way her breasts looked in the restaurant.
I remember the difference tones created by two buzzes, both undetectable.
I remember inaudible whispers.
I remember ... Q-b3 mate.
I remember unboxing.
I remember singing the chanson du décervelage, backwards.
I remember the view of the pyramids seen in the tiny magnifying inset of a paper knife.
I remember so little space within so much space.
I remember a band called The Haemerrhoids.
I remember three slits cut into the edge of a Formica tabletop.
I remember the greatcoat of Her Luminescence.
I remember the soap bubble set.
I remember the sequence sneeze-wheeze-squeeze.
I remember mont réal becoming sang réal becoming temps réel.
I remember Michel et Charles.
I remember Ubu at the Théâtre Insipide.
I remember zhu zhu zhu.
I remember you don't have a brother and he likes cheese.
I remember a vast ocean of conscience.
I remember how it was never said that ...
I remember B min — C9b5 — Bbmaj7.
I remember to make sure you have all your personal belongings with you.
I remember touchdown.
I remember the rhino party.
I remember spinning after dinner.
I remember how it is to be free.
I remember the little boy crying for his mummy.
I remember Faustroll on the Lachine canal.
I remember when Valentin Brû raised aloft a gas lamp.
I remember the Quiet Zone.
I remember paroles gelées.

1. Une traduction française du texte de Andrew Hugill est disponible à la page 55.

I remember the work of art is a stuffed crocodile.
I remember two buskers in the square, one playing Leonard Cohen while the other played musette.
I remember the thing that looked like a lighthouse.
I remember Lili.
I remember ecophallymirophilosophy.
I remember the slight movements of his lips while reading.
I remember that the laundry service will not press stiff collars.
I remember eau et gaz à tous les étages.
I remember a way a lone a last a loved a long the
I remember the mighty river and the detritus that drifted along it.
I remember the bag of water in the desert, pierced on one side.
I remember copyright harmonisation.
I remember every Canadian citizen has a right to free air.
I remember Robert Normandeau's frog recordings.
I remember we must not, must not, must not, laugh.
I remember Ladislav Kupkovič's 'Souvenir' performed at the Quebec Academy of Fine Arts.
I remember a finger of fudge is just enough.
I remember cider before absinthe.
I remember the radio broadcast that was just the names of birds read aloud after inhaling helium.
I remember the road to hell is paved with hypertension.
I remember saving the best till last.
I remember the ontogenesis of pataphysics was spiriform.
I remember Stanley Chapman.
I remember on page 1286: José Luis Borges.
I remember be9df49782.
I remember Wii Zen.
I remember Sami Frey on his bicycle.
I remember there once were no zombies (but now they are everywhere).
I remember being able to identify a piece of music just by looking at the grooves on the record.
I remember "I am not a number. I am a free man!".
I remember the sound of a modem.
I remember the persistence of memory.
I remember.

Annexes

Un mystère du fleuve Saint-Laurent, près de la ville de Québec

Texte anglais original traduit par la chaire d'Effeuillage

Endors-toi, endors-toi
Petit enfant sans défense
Vite, vite, vite, endors-toi
Si tu n'arrêtes pas de pleurer,
Le grand esturgeon t'entendra du fond de l'eau
Et sautera sur la rive du fleuve
Pour t'avaler[1]

Comme le lit du fleuve Saint-Laurent a été très modifié près de la ville de Québec par la construction du boulevard Champlain, il est désormais impossible de vérifier si un courant souterrain provenant du lac Saint-Pierre aboutissait jadis dans l'estuaire du fleuve. Certains croient qu'un tel affluent assurait la présence de poissons d'eau douce près de Québec, mais que le canal aurait été obstrué depuis.

La découverte récente du journal d'un plongeur de la fin du XIXe siècle a d'ailleurs donné naissance à des spéculations de la part de biologistes marins à propos d'une espèce disparue d'esturgeon, qui aurait vécu dans le fleuve Saint-Laurent, mais n'a pu s'adapter aux perturbations subies dans son environnement. Il s'agit de l'esturgeon à corne (*Acipenser fulvescens*), une espèce d'eau douce qui se serait éteinte depuis quelques siècles et qu'on ne retrouve que fossilisée.

Le journal décrit le travail quotidien de plongeurs qui ont examiné le lit du fleuve près de la ville de Québec dans le cadre de l'exploration de courants sous-marins. La note concernée, datée du 8 septembre 1873, rapporte l'observation d'un esturgeon à corne long d'environ 12 à 15 pieds.

Survivants de l'ère pré-jurassique, et parmi les plus anciennes créatures de la Terre, les esturgeons ont une importance particulière pour toutes les nations indiennes d'Amérique du Nord, incluant les Iroquois, qui les vénéraient. Inspiré d'un mythe finnois mais associé au lac Supérieur, un célèbre poème d'Henry Wadsworth Longfellow, *Hiawatha*, glorifie le danger et le défi qu'offre la pêche de l'esturgeon, Roi des poissons.

S'en allant seul au Gitche Gumee
Sur les eaux scintillantes du Grand Lac
Avec sa canne à pêche de cèdre
D'écorces de cèdre tordues
Exultant d'attraper l'esturgeon Nahma
Mishe-Nahma, le poisson-Roi,
Seul dans son canot de bouleau
Avançait le fier Hiawatha

1. Berceuse traduite de la langue iroquoise

Dans un campement iroquois daté des années 1320, sur le site McDonald, à Saint-Anicet, on a déterré les fragments d'un collier, qui devait servir de talisman de protection, d'un matériau appelé «ivoire de mer», fabriqué de divers os d'esturgeon, dont une amulette cornue, de provenance inconnue.

Malgré la découverte, en 1994, d'un petit groupe d'esturgeons dans les environs des Mille-Îles, on ne croit pas que l'esturgeon jaune (*Acipenser fulvescens*) ait pu en particulier nager dans les eaux du fleuve Saint-Laurent aussi loin qu'aux abords de la ville de Québec. Au contraire, c'est l'esturgeon noir (*Acipenser oxyrinchus oxyrinchus*) qui est réputé avoir cohabité avec l'esturgeon jaune et frayé dans le fleuve entre la ville de Québec et celle de Trois-Rivières. Aucun de ces esturgeons ne correspond cependant à celui qu'ont observé les plongeurs. Le journal du plongeur relate en effet que ses compagnons et lui se sont retrouvés au fond du fleuve, face à une «énorme gueule cornue et moustachue», qui ne pouvait être que celle d'un esturgeon. L'apparence monstrueuse de la bête était accentuée sur tout le corps par de nombreuses longues «excroissances», que les plongeurs ont identifiées comme étant des lamproies (*Petromyzon marinus*) qui suçaient la chair de l'esturgeon. Le plongeur qui a rédigé le journal de leur exploration a d'ailleurs esquissé un dessin de la créature aperçue. Il a aussi noté leur exubérance quand ils ont découvert l'entrée d'une longue caverne, dont les profondeurs semblables à un tunnel se prolongeaient si loin que ses compagnons et lui n'ont pu l'explorer entièrement, faute des réserves d'air nécessaire.

On doit se rappeler qu'en 1873, l'équipement qui servait à la respiration sous l'eau était plutôt sommaire et lourd, et que les lourdes bottes des plongeurs rendaient leur déplacement difficile. De plus, leur champ de vision était limité par les carreaux vitrés situés sur les côtés et à l'avant de leur casque, et il leur était impossible de tourner la tête. La pénombre des fonds marins obligeait aussi à l'usage de lampes.

Il est malheureux que l'auteur de ce journal ait disparu au cours d'une plongée subséquente, probablement parce que ses câbles de sécurité se sont enchevêtrés à un obstacle. Son équipement de respiration a d'ailleurs été retrouvé, mais pas son corps. On croit qu'il est entré dans une caverne dont il n'a pu ressortir. Dans son rapport sur l'incident, un compagnon a confirmé avoir aperçu un poisson géant, qui semblait garder l'entrée de la caverne, et qu'aucun autre membre de l'équipe n'a vu. Il ne leur a pas paru utile d'explorer la caverne plus avant.

En 1907, une deuxième observation d'un esturgeon à corne, d'une taille inférieure, aurait pu rendre le premier récit plus crédible, mais elle n'a pas été corroborée. L'idée demeure cependant fascinante qu'un ancien passage sous-marin, désormais obstrué, ait pu provenir du lac Saint-Pierre, laissant circuler des poissons, dont certaines espèces autrement disparues.

Souvenir d'un avenir québécois

Texte anglais original traduit par la chaire d'Effeuillage

Andrew Hugill

*Comme la devise du Québec est «Je me souviens», et même si je n'ai jamais parcouru le pays, des souvenirs à la Perec inspirés de ma visite à l'*Académie québécoise de 'Pataphysique *serviront d'ancrage à mes réminiscences.*

Je me souviens du cactus et de ses lentes habitudes.
Je me souviens de la manière dont un élastique, au lieu d'un lien peut évoquer une libération.
Je me souviens de zygo.
Je me souviens de la verte flamme de la chandelle verte.
Je me souviens des Ding et Dong.
Je me souviens d'un personnage de dessins animés poursuivi sans cesse par un immeuble, encore et encore.
Je me souviens des trains en tôle ondulée.
Je me souviens des Morlocks.
Je me souviens de l'aspect de ses seins au restaurant.
Je me souviens des tonalités différentes de deux bourdonnements l'un et l'autre de provenance inconnue.
Je me souviens de murmures imperceptibles.
Je me souviens de Qb3… échec et mat.
Je me souviens d'avoir ouvert une boîte pour en découvrir le contenu.
Je me souviens de la Chanson du décervelage, chantée à l'envers.
Je me souviens de l'aspect de pyramides vues à travers la mini-loupe incrustée dans un coupe-papier.
Je me souviens de si peu d'espace dans un si grand espace.
Je me souviens d'un groupe de musiciens appelés Les Hémorroïdes.
Je me souviens des trois rayures gravées sur le bord d'une table en Formica.
Je me souviens du manteau de Sa Luminescence.
Je me souviens de l'ensemble à bulles de savon.
Je me souviens de la séquence éternuement, aspiration, souffle retenu.
Je me souviens de «mont Réal» devenant «sang réal», puis «temps réel».
Je me souviens de Michel et de Charles.
Je me souviens d'Ubu au Théâtre Insipide.
Je me souviens de zou zou zou.
Je me souviens de «Tu n'as pas de frère, mais il aime le fromage».
Je me souviens d'un vaste océan de conscience.
Je me souviens de la manière dont il n'a jamais été dit que…
Je me souviens de B min — C9b5 — Bbmaj7.
Je me souviens d'«Assure-toi d'emporter tout ce qui t'appartient».
Je me souviens d'un atterrissage.
Je me souviens du Parti Rhino.
Je me souviens d'avoir ressenti un vertige après un dîner.
Je me souviens de ce que c'est que d'être libre.
Je me souviens du jeune garçon réclamant sa maman en pleurant.
Je me souviens de Faustroll sur le canal Lachine.

Je me souviens du sixième membre de la troupe, qui s'appelait Timothy.
Je me souviens de Valentin Brû lévitant au-dessus d'une lampe à gaz.
Je me souviens de la Zone de silence.
Je me souviens des paroles gelées.
Je me souviens de «l'œuvre d'art est un crocodile empaillé».
Je me souviens des deux musiciens ambulants sur la place, l'un jouant du Leonard Cohen, l'autre de la cornemuse.
Je me souviens d'une chose qui ressemblait à un phare.
Je me souviens de Lili.
Je me souviens de l' écophallymirophilosophie.
Je me souviens du léger mouvement de ses lèvres quand il lit.
Je me souviens de «la buanderie ne repasse pas les collets rigides».
Je me souviens de «eau et gaz à tous les étages».
Je me souviens de «a way a lone a last a loved a long the».
Je me souviens de la splendide rivière et des déchets à la dérive
Je me souviens du sac d'eau dans le désert, au côté percé.
Je me souviens de l'harmonisation des droits d'auteur.
Je me souviens de chaque citoyen canadien ayant accès à l'air gratuitement.
Je me souviens des grenouilles enregistrées par Robert Normandeau.
Je me souviens d'«on ne doit pas, ne doit pas, ne doit pas rire».
Je me souviens du Souvenir de Ladislav Kupkovič présenté à l'Académie des Beaux-Arts du Québec.
Je me souviens du fait qu'il suffit d'un doigt de fudge.
Je me souviens du cidre avant l'absinthe.
Je me souviens de l'émission radiophonique des noms d'oiseaux lus par des voix sous l'effet de l'hélium.
Je me souviens du chemin de l'enfer pavé par l'hypertension.
Je me souviens de «protéger ce qu'il y a de mieux pendant qu'il dure».
Je me souviens de l'ontogénèse spiriforme de la 'Pataphysique.
Je me souviens de Stanley Chapman.
Je me souviens de Jose Luis Borges: en page 1286.
Je me souviens de be9df49782.
Je me souviens de Wii Zen.
Je me souviens de Sami Frey sur son vélo.
Je me souviens de l'époque où il n'y avait pas de zombies (alors qu'il y en a maintenant partout).
Je me souviens de ma capacité à reconnaître une pièce musicale rien qu'à la forme des sillons sur le disque.
Je me souviens de «Je ne suis pas un numéro. Je suis un homme libre!».
Je me souviens des variations sonores du modem.
Je me souviens de la permanence de la mémoire.
Je me souviens.

Auteur.e.s et désignation des lieux

Bénabou, Marcel
Écrivain, secrétaire définitivement provisoire de l'Ouvroir de littérature potentielle (OULIPO), vit à Paris, Fr.
La yourte du Rond-Coin à Saint-Élie-de-Caxton

Bonenfant, Charles
Spécialiste en littérature française, vit à Montréal, Qc.
Le Québec, terre de Dieu

Bouchard, Elsa
Professeure en histoire de la littérature grecque ancienne à l'Université de Montréal, vit à Montréal, Qc.
Une géo'pataphysique du lieu québécois

Carbou, Jacques
Docteur en Sciences Politiques de l'Université Paris 3. Professeur à l'Université Santo Tomas de Bogota, vit en Colombie.
La tour de l'université de Montréal

Chassay, Jean-François
Écrivain et professeur de littérature à l'Université du Québec à Montréal, vit à Montréal, Qc.
L'intérieur d'un réfrigérateur

Cozic, Yvon
Artiste visuel «Cozic» avec Monique Brassard, récipiendaire de nombreux prix, vit surtout à Sainte-Anne-de-la-Rochelle, Qc.
Un restaurant La Belle Province

Décimo, Marc
Essayiste, linguiste, historien d'art, membre fondateur de l'Ouphopo (OUvroir de PHOtographie POtentielle), vit à Paris, Fr.
La cour à scrap de Jean-Paul Colmor

Fell, Jill
Écrivaine, spécialiste d'Alfred Jarry, département de Cultures & Langages, Birkbeck, University of London, vit à Londres, RU.
The Saint Lawrence Riverbed at Quebec City

Frascadore, Claude
Compositeur, artiste visuel, performeur, informaticien et concepteur Web notamment du site Web de l'AQ'P, vit à Longueuil, Qc.
L'intérieur d'un sac de patates

Gagnon, Éric
Vidéaste, artiste visuel, vit à Montréal, Qc.
Une muse

Gallais, Pierre
Artiste visuel, performeur, vit à Lyon, Fr.
Le non-lieu

Gauvin, Francis
Étudiant au doctorat en sémiologie à l'Université du Québec à Montréal, vit à Montréal, Qc.
Le laboratoire de Florent Veilleux

Hugill, Andrew
Compositeur, écrivain, directeur du Centre for Creative Computing at Bath Spa University, vit dans une péniche sur les canaux anglais, RU.
Souvenir d'un avenir québécois

La Terreur, Céline B.
Artiste visuelle multidisciplinaire, vit à Montréal, Qc.
Un tiroir de prière

Mc Murray, Line
Écrivaine, dessinatrice, Luminescence à l'origine de la création de l'Académie québécoise de 'Pataphysique, vit en Mauricie, Qc.
Une falaise de Saint-Alexis-des-Monts

Pelletier, Manon
Artiste visuelle, présidente du Regroupement des artistes en arts visuels du Québec, vit à Lachine (Montréal), Qc.
La forêt laurentienne

Raymond, François
Spécialiste de Marcel Duchamp, a reçu les enseignements de Gilles Deleuze à Paris de 1970 à 1974, vit à Longueuil, Qc.
Quelques morceaux d'asphalte et lieux signés

Rebis, Alter
Peintre en bâtiment et professeur de l'architecture à Montréal, vit à Montréal, Qc.
Quatre embrasures non embrasées

Saint-Germain, Michel
Traducteur, essayiste, journaliste, partage sa vie entre Montréal, Qc et Boston, ÉU.
Un martyrologe de villages québécois

Schinckus, Christophe
Docteur en Sciences Économiques, professeur de finance à l'Université de Leicester, essayiste et conférencier, vit en Angleterre, RU.
Un numéro d'immeuble à Montréal où se tiennent des convents de l'AQ'P

Sévigné, Michel (de)
Artiste visuel, avant 2004 a exposé son travail sous un autre nom, partage sa vie entre son chalet de Montréal et la campagne québécoise.
Un processus de pensée dans un crâne

Stillman, Linda
Essayiste, spécialiste d'Alfred Jarry, vit dans la région de Washington, DC, ÉU.
Montréal : retour vers le futur

Théberge, Gleason
Poète, enseignant et chroniqueur, vit en province Labelle (Laurentides), Qc.
Le confessionnal de la cathédrale de Saint-Jérôme

Tremblay, Tanka G.
Docteur en littérature de l'Université Mc Gill, spécialiste des fous littéraires. Professeur au Collège Jean-de-Brébeuf, vit à Montréal, Qc.
La cour à scrap de Jean-Paul Colmor

Veilleux, Florent
Artiste visuel, poète, chansonnier, a longtemps vécu à Paris, vit à Montréal, Qc.
Le laboratoire de Florent Veilleux

Crédits photos

Page 1 : © 2013 Michel Sévigny.
Page XII : © 2014 Michel Sévigny.
Page 4 : © 1989 Linda Stillman.
Page 6 : © 2014 Charles Bonenfant.
Page 9 : © 2008 Colocho, under the Creative Commons Attribution-Share Alike 3.0 Unported.
Page 10 : © 2009 La revue des diplômés, printemps 2009.
Page 10 : © 2009 Stéphane Batigne, selon les termes de la licence Creative Communs Paternité 3.0 (non transposée).
Page 15 : © 2015 Michel Sévigny.
Page 16 : © 2015 Michel Sévigny.
Page 19 : © 2014 Manon Pelletier.
Page 20 : © 2014 Manon Pelletier.
Page 22 : © 2014 Éric Gagnon.
Page 25 : © 2014 Michel Sévigny.
Page 26 : © 2014 Michel Sévigny.
Page 26 : © 2014 Michel Sévigny.
Page 26 : © 2014 Michel Sévigny.
Page 26 : © 2014 Michel Sévigny.
Page 28 : © 2014 Jill Fell (croquis de J.P. Warren).
Page 29 : © 2014 Claude Frascadore.
Page 30 : © 2014 Claude Frascadore.
Page 31 : © 2003 Pierre Gallais, réalisation à Lyon (France) pour « l'art sur la place » en 2003.
Page 31 : © 2003 Pierre Gallais, réalisation à Lyon (France) pour « l'art sur la place » en 2003.
Page 32 : © 2003 Pierre Gallais, réalisation à Lyon (France) pour « l'art sur la place » en 2003.
Page 32 : © 2003 Pierre Gallais, réalisation à Lyon (France) pour « l'art sur la place » en 2003.
Page 35 : © 2013 Valérie Lépine du *Journal des citoyens de Prévost, Piedmont et Sainte-Anne-des-Lacs*.
Page 37 : © 2014 François Raymond.
Page 38 : © 2014 François Raymond.
Page 40 : © 2011 Michel Sévigny.
Page 41 : © 2014 Magelan Fournier-Cozic.
Page 42 : © 2014 Magelan Fournier-Cozic.
Page 43 : © 2014 Tanka G. Tremblay et Marc Décimo.
Page 44 : © 2014 Tanka G. Tremblay et Marc Décimo.
Page 45 : © 2014 Tanka G. Tremblay et Marc Décimo.
Page 46 : © 2014 Tanka G. Tremblay et Marc Décimo.
Page 47 : © 2014 Alter Rebis.
Page 47 : © 2014 Alter Rebis.
Page 48 : © 2014 Alter Rebis.
Page 48 : © 2014 Alter Rebis.
3e de couverture : Le *Ubu tuqué et fléché* est la matérialisation d'une idée de Claude Frascadore à partir du *Véritable portrait de Monsieur Ubu* formulé par Alfred Jarry.

www.ingramcontent.com/pod-product-compliance
Lightning Source LLC
Chambersburg PA
CBHW041211100726
47911CB00017B/923
9780992131739